棒球場的歷史與養護入門全書

周思齊 著
福賴 文字整理

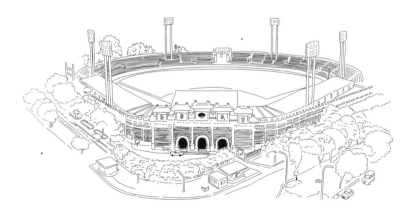

要有好的球場，
才能提升臺灣的棒球實力

韋仲諒／亞洲棒球總會會長

　　自從 2022 年 7 月接任亞洲棒球總會會長後，我一直致力於提升亞洲棒球實力，並為籌組「亞洲棒球大聯盟」的目標而努力。其中，提升棒球實力很重要的環節，就是要有好的球場並長期投入資源和心力，好好維護，從各國的球場發展狀況，也能判斷這個國家在棒球運動的投入程度。以亞洲地區來說，日本球場的硬體設備是亞洲首屈一指，可稱為棒球場的已開發國家，除了擁有世界上最多的巨蛋，許多球場也維護妥善，良好環境吸引更多人投入這項運動，不管是軟體的進步或是硬體的完善，皆促使棒球運動環境有更好的發展。

　　從臺灣主辦 2023 年第五屆世界棒球經典賽 A 組分組賽的整個過程，我相信許多民眾再次感受到臺灣的棒球場還有很大的進步空間，期間美國職棒大聯盟多次派員來臺場勘，提供許多專業建議，這些都是臺灣努力的方向和目標。臺北大巨蛋 2023 年底正式啟用後，臺灣更有能力承辦國際賽事，將有助於臺灣棒球運動發展，期盼這些場勘經驗，能為臺灣棒球環境

帶來精進的明確指標,使棒球運動成為更有趣的體驗,吸引更多人成為棒球迷。誠如我最尊敬的「世界全壘打王」王貞治先生所言,臺北大巨蛋的落成,不僅將帶領臺灣棒球更上一層樓,球場環境的規劃,也將吸引更多家庭、親子進場,提升整體產業發展。

　　思齊是一位精益求精、不斷充實自我的選手,就讀臺灣師範大學臺灣史研究所的求學經驗,相信對他從歷史文化角度來看棒球有莫大幫助,而他對國際交流的興趣與渴望,亦加速他打開視野、吸收新知。如今思齊實現對球迷的承諾,持續進行棒球教學書的寫作,透過棒球歷史與球迷對話、推廣棒球運動,相信各位讀者將從這本書得到許多棒球知識。

球場養護的三個「認」

2020 年我為自己立下了一個目標，希望在二十年內能出版一系列的棒球教科書，除了臺灣的出版市場已經很久沒有棒球教科書外，也想將棒球的教學與相關的歷史結合，讓學習棒球成為一件比較有趣的事情。於是，2022 年 5 月第一本教科書《圖解跑壘學全書：要得分，就得學會怎麼跑壘》出版，而第二本的重點則是放在認知、理解重於技巧的球場養護知識。

我常在演講時，提到了用三個「認」來進階參與棒球任何領域的方式，也就是「認識」、「認知」與「認同」，同樣地在球場養護的議題中，也會經過這三個階段：

認識棒球與棒球場：這就會帶入了棒球與棒球場相關的歷史。

認知球場養護是不可忽略的：銜接了前一個認識階段，接著就能試著理解球場養護在棒球歷史與發展中的意義，不僅影響了場上選手的安全，也決定了一個國家的棒球是否能銜接國際，如此一來才能真正理解球場養護是不能忽視的議題。

認同球場養護是重要的：從認識棒球的歷史，到認知球場養護對棒球發展的影響，最後能認同球場養護是我們必須要重視的學問，才可以全心全意把照顧球場的事情做得更好。

　　棒球從日治時期開始傳入臺灣，1904 年臺灣總督府國語學校中學部正式成立了野球部，隨後國語學校師範部也組織了球隊，1906 年兩隊進行了臺灣棒球史上第一場採用正式規則的球賽。1920 年美國東洋艦隊的船員組成一支聯隊，在 10 月 31 日與臺北聯軍進行比賽，當時美國聯軍以 17：3 大勝臺北聯軍，這應該是第一場臺灣與美國球隊同場較勁的的比賽。同年年底美國職棒大聯盟本來在日本展開十六場巡迴表演友誼賽，沒想到結束相關賽程後就到臺灣繼續比賽，1921 年 1 月 8 日，這批來自美國職棒大聯盟（MLB）的選手抵達臺灣，總共打了七場比賽，結果當然由美國大獲全勝，但也為當時臺灣棒球帶來不少熱度。

　　有了球隊、有比賽，就會有興建球場的需求；而有了球場自然就會有球場維護的必要。當然，球場的建造與養護標準也會隨著時代的進步與時俱進。日治時期的時候，儘管已經有棒球場，但大多利用廣場、公園、學校操場等空地來練習和比賽。戰後臺灣的棒球發展愈來愈重視棒球場的硬體設施，同時也更看重國際賽事的參與，雖然往往受限於經費以及專業知識的不足，導致球場相關的改建往往無法一次到位。

　　1992 年 11 月美國教士隊以 3A 球員為主體組軍來臺進行交流賽，當

時總教練就點出了臺北市立棒球場的外野很危險，提醒選手要注意安全。隔年（1993 年）道奇隊也來臺交流，道奇隊相關人員便提早到臺灣的場地勘查，並提出修繕的建議，不妥善處理好的話就不會放行球隊來臺比賽。2010 年道奇隊時隔多年再度來臺，同樣在事前就去天母球場和澄清湖球場調查場地的狀況。

　　當然，除了大聯盟球隊的交流賽事之外，多年來臺灣舉辦相當多國際賽事，球場也都必須符合相關的賽事規定。例如大聯盟的場地專家莫瑞・庫克（Murray Cook）就曾多次來臺，2001 年、2007 年舉辦世界盃棒球賽的時候，就是由庫克和他的團隊來評估臺灣的球場，並給予相關的改善方針。2023 年因為臺灣負責舉辦世界棒球經典賽（World Baseball Classic，WBC）A 組分組賽事，美國大聯盟相關的專業人員（包含十分熟悉臺灣球場的庫克）多次來臺場勘，再度掀起了一陣球場養護與安全的討論熱潮。他們認真勘查了臺灣的新竹棒球場、臺中洲際棒球場、雲林斗六棒球場、臺灣體育運動大學棒球場，依然指出許多有待加強改善的地方。

　　這些年，我們經歷了這麼多次美國球場養護專家的專業評估，到底透過這些過程我們學到了什麼？我們能不能透過這些過程，進而「認識」、

「認知」並且「認同」球場養護的重要性呢？我想這是我們最需要去深思的，也期盼這本《棒球場的歷史與養護入門全書》能給大家帶來更多的想法與認識，進而更認同棒球這項運動！

Baseball

日治時期
的棒球場與發展

19 世紀末日本就將棒球傳入臺灣，當時多數的場地仍是屬於廣場、公園空地、學校操場、公家機關用地，簡單來說就是只要空間夠大、土地夠平坦，可以當作運動廣場來使用的地方，所以興建更理想的棒球場，就成為官方與民間棒球同好一齊努力的方向。

棒球的起源

　　若要聊聊棒球場的一切，從棒球的起源開始講起應該是比較適當的。

　　很多人都知道、也都這麼認為，棒球起源地在美國，其中有不少人認為棒球是在 1839 年由美國陸軍軍官阿布納 · 達博岱（Abner Doubleday）在紐約古柏鎮發明。不過曾有人針對這項說法提出懷疑，畢竟並沒有足夠的證據顯示了達博岱跟棒球有關。但是不管是誰是發明了棒球的第一人，在 19 世紀的美國就已經有人開始從事這項運動。

　　有的人說棒球的原型應該是從英國的板球（Cricket）轉變而來。板球的起源可以追溯到 12 世紀的英格蘭，雖然板球運動的進行方式跟棒球有很大的不同，但板球是利用板子擊球來獲取分數這部分，這看起來是不是感覺跟棒球真的有幾分雷同？在 1744 年的英格蘭有本兒童讀物《小巧美麗口袋書》（*A Little Pretty Pocket-Book*）出版，書中便出現了在英格蘭進行的運動跑柱式棒球（Rounders），玩法是用木頭或是金屬的棒子擊球，並提到了「Base-Ball」的字眼，書中圖片上有個三根疑似為壘包的柱狀物。而知名英國小說家珍 · 奧斯丁（Jane Austen）在 1794 年完成小說《蘇珊夫人》

〔*Lady Susan*，後出版書名為《諾桑覺寺》（*Northanger Abbey*）〕，便有提到去玩 Cricket（板球）和 Base-Ball（棒球）這個運動，因此棒球（Baseball）很早就出現在一些書本之中，代表從事類似運動的歷史真的相當悠久。

而制定了棒球規則以及規範了壘包之間距離的那個人，則是亞歷山大‧卡特來特（Alexander Joy Cartwright）。1842 年紐約尼克博格（Knickerbocker）開始組織了棒球比賽，在當時他還沒有正式成立一個俱樂部，而棒球也尚未有一個所謂統一、標準的比賽規則。卡特來特在 1845 年加入球隊，尼克博格棒球俱樂部（Knickerbocker Baseball Club）也正式成立，卡特來特訂定了棒球比賽的許多標準，例如用扁平的壘包來代替木樁、壘包之間距離為 90 英尺、出賽選手是九名，並且在 1846 年 6 月 19 日於紐澤西州霍博肯市（Hoboken）的艾莉西亞球場（Elysian Fields）舉辦了尼克博格（Knickerbocker）和紐約九人（New York Nine）兩支球隊的比賽，這是美國第一場有正式棒球紀錄的比賽。

尼克博格棒球俱樂部在美國棒球的發展一直有著某種程度的影響力，畢竟棒球規則的制定與實行跟這個俱樂部有著很深的關係，同時紐約也有愈來愈多這樣的棒球俱樂部。於是在 1857 年，十六個在紐約地區的棒球俱

樂部一起成立了國家棒球員協會（National Association of Base Ball Players，NABBP），有組織地合作制定相關規定並舉辦賽事。而接下來 1861 年美國爆發了南北戰爭，多年來內戰沒有削弱了棒球的發展，反而讓棒球成為了軍人喜好的運動之一。過去曾有不少文獻指出了本壘板（Home Plate）有家的意涵，回本壘得分就有回家的意義在，這樣衍伸出來的含意似乎讓戰爭中的人們得到慰藉。在這內戰結束後，國家棒球員協會已經從原本十六個俱樂部會員的組織，成長為擁有一百個俱樂部會員。而這股棒球熱潮也並未因為戰爭結束就退去，反而不斷高漲，大家一起打棒球似乎蔚成風潮，1867 年時國家棒球員協會已經有至少四百個會員了。在這個組織不斷成長、棒球運動在美國大為盛行的時代，職業化變成是下一個目標，因此在 1871 年，國家棒球員協會的成員決定將這個組職給職業化，在加上了「職業」二字後，美國第一個職棒組織國家職業棒球員協會（National Association of Professional Baseball Players）就此誕生。

跟著「黑船」來到日本的棒球

就在美國棒球邁向職業化的這個時期,源自美國的棒球運動也傳入了日本。

1853 年 7 月 8 日美國海軍將領馬修‧培里(Matthew Perry)率領四艘船艦於日本浦賀入港,將美國總統的親筆書信轉交給日本官方。因為培里的船艦上都塗了防止生鏽的柏油,因此被日本人稱作是「黑船」。這個「黑船來航」的事件,讓日本人看到了來自國外的大船大砲,為整個社會帶來文化的衝擊。有人就認為這逼迫了日本結束鎖國,影響後續的明治維新,並且讓美國文化開始散播到日本,其中也就包含了棒球這項運動。

美國人霍雷斯‧威爾森(Horace Wilson)在 1871 年接受了東京開成學校的教師職位,搭船前往日本,他的行李中就帶了棒球手套與球棒。在日本擔任老師的威爾森認為這些日本的學生需要更多體能上的鍛鍊,因此教導了學生棒球運動,他也就成為了將棒球傳入日本的第一人。根據日本野球殿堂的網站說明及許多文獻指出,棒球傳入日本的時間是 1872 年或是 1873 年。在那個時期,有許多外國人來到日本從事經商、傳教等等活動,

因此向日本人傳授推廣棒球的應該也不只有威爾森一個人。與此同時，因為日本人也開始到美國留學，在異地生活的他們參與了當地的娛樂，棒球運動又是美國最盛行的活動之一，自然在留學歸國後就將相關的經驗帶回了日本，其中最具代表性的人物就是平岡凞了。平岡凞在美國留學期間，參加了當地棒球俱樂部，1876 年回到日本後便與同好分享所學的棒球知識技能。1878 年，平岡凞到鐵道局上班後便成立了日本史上第一支棒球隊「新橋俱樂部」。

對日本人來說，棒球畢竟是屬於外來運動，因此對於運動本身的名稱、一些用語都還是直接使用英語的發音，也就是僅僅用片假名來書寫，例如棒球原本的日文就是「ベースボール」。1893 年有位名叫中馬庚的人即將從日本的第一高等中學校畢業（隔年第一高等中學校便改制為第一高等學校），這位中馬庚在就讀第一高等中學校時，便是學校棒球隊裡相當活躍的人物。在快畢業的時候，校方邀請他為學校的棒球部撰寫歷史，中馬庚為了應該要怎樣書寫棒球以及相關的術語而絞盡腦汁。據說中馬庚認為棒球是種在原野中進行比賽的運動，便將棒球稱之為「野球」，讓日本人一看到名字就會知道棒球的涵義，比「ベースボール」更加容易理解。

而中馬庚撰寫的書《野球》也在 1895 年正式發行。日本野球殿堂在 1970
年將中馬庚以特別表彰者的身分入選名人堂時,便提到了他不但首創「野
球」這個名詞,也是日本第一個發行棒球專業書籍的人。

臺灣棒球的開端

　　1895 年清朝與日本簽訂了《馬關條約》,臺灣進入日治時期,於是也
開始接收了許多日本文化,當然也包含了運動。就如同美國人把棒球當作
娛樂,在美國留學的日本學生也在耳濡目染下學習了棒球,並且帶回了日
本。日本統治臺灣後,就有不少從日本移居過來的公務員、軍人、學生等
等,他們的平常休閒活動也許就是打打棒球,於是棒球就這樣一點點地傳
來臺灣。這些日本人一開始也許只是在一些空地上練習(例如在臺北南門
外),或是在軍營中利用空閒時間傳接球。在 1904 年時,臺灣總督府國語
學校中學部在當時的校長田中敬一的支持下,正式成立了野球部,而國語
學校師範部也成立了棒球隊,臺灣的棒球開始從學校有組織地發展。到了
1910 年左右,除了學校外,包含官廳、會社等都有職員組織棒球隊,棒球

的風氣愈來愈旺，於是出現了由一個統合組織來協調賽事與比賽場地的需求。1915 年北部野球協會正式成立，接著各個地區紛紛組織起野球協會，棒球於是變得更加普及。

日治時期臺灣各地的球場

寫到這裡，我們可以知道 19 世紀末日本就將棒球傳入臺灣，那麼你知道當時候的臺灣有哪些球場嗎？當時有一位曾擔任《日日新報》記者，也是 1920 年成立的臺灣體育協會的棒球部成員──湯川充雄，就在 1932 年出版了一本《臺灣野球史》。喜歡打棒球的他，在書中記載了 1906 年到 1932 年臺灣的棒球發展、比賽狀況、各地球場、球迷側寫等等。雖然他寫的內容不能說十分準確，甚至還會有前後描述不一的情況，但這仍是第一本詳細介紹臺灣棒球的專書，更有專門的章節介紹臺灣的球場。

湯川充雄在有關球場的章節，便開宗明義指出運動場及公園皆與都市有著密不可分的關係，認為一個都市的價值與文化程度，就看運動場或是公園的設施是否能滿足需求。在湯川充雄出版這本書的 1932 年，棒球已

經傳入臺灣超過三十年了，他還是相當感慨臺灣仍沒有一個設備完善的棒球場供練習或是比賽使用，多數的場地依然是屬於廣場、公園空地、學校操場、公家機關用地，簡單來說就是只要空間夠大、土地夠平坦，可以當作運動廣場來使用的地方。以下便將日治時期臺灣各地供作棒球練習或比賽的場地，按照其性質分門別類並簡要介紹如下：

▌廣場、運動場

臺北武德殿廣場

在棒球傳入臺灣發展初期，臺北最常使用到的場地就是「武德殿廣場」，在 1905 年到 1906 年就經常有人利用武德殿廣場來進行棒球練習。武德殿廣場也許對大家來說是一個比較少見的

臺灣
體育協會

1920 年臺北有許多運動相關團體成立，分散了體育資源，因此有人建議應該要成立一個組織來整合這些團體。臺灣體育協會就由當時臺灣總督府總務長官的下村宏召集相關運動團體代表統籌成立，首任部長是音羽守（他當時也是北部野球協會鐵團的理事）。幹事與評議員分別是速水河彥、高橋俊平與湯川充雄。

名詞，不過其實這個廣場的位置大家一點都不陌生，就是現在的總統府西南側。在一百多年前，這個廣場可是進行過許多熱鬧的賽事，根據《臺灣野球史》記載，1910 年由臺北中學會主辦的臺北大會便是在這裡熱鬧

◆ 昔日武德殿廣場的現今概略位置示意圖。

舉行。此外，包含當時的霜月俱樂部、高砂俱樂部也都在武德殿廣場辦比賽。不過，隨著總督府廳舍工程動工後，這裡的運動場館都因為工程無法使用，因此棒球的訓練與比賽的場地就移動到其他運動場，包含了圓山公園、新公園運動場（現今的二二八紀念公園）。

臺北新公園運動場

新公園運動場約莫是在 1907 年興建完成，嚴格說起來也不是一個很標準的棒球場地，就只是有一個平坦的空間能練習軟式棒球、橄欖球並舉辦比賽。不過，因為新公園運動場距離熱鬧的市區相當近，因此常會吸引許

多人來觀看球賽，只是新公園運動場靠左外野側林木茂密，靠右外野側則設有噴水池，因此將球打在樹上或是落入噴水池中也是屢見不鮮，大概也成為比賽中讓人覺得有趣的一部分吧。

　　新公園運動場在戰前舉辦過相當多的比賽，包含了日本早稻田大學、法政大學來臺遠征，都曾在新公園進行交流賽事。

　　1917 年，當時的北部野球協會主辦了早稻

軟式棒球

軟式棒球的發源地是日本，雖然在明治時期美國棒球已經傳入了日本，但棒球當時的價格比較高，日本小朋友很多都用網球來取代棒球，不過網球畢竟還是不夠耐打，1919 年神戶東神橡膠公司開始販售橡膠製作的軟式棒球，價格較低廉也比較安全。後續便開始有相關的協會成立並開辦全國大賽，例如 1920 年的神戶大日本少年棒球協會、1929 年的日本軟式棒球協會。以湯川充雄這本《臺灣野球史》在 1932 年出版，可以推測當時軟式棒球應該也透過日本人陸續帶進臺灣。

襄陽路

懷寧街

公園路

新公園運動場
（今二二八公園）

總統府

凱達格蘭大道

◆ 昔日新公園運動場的現今概略位置示意圖。

田遠征的賽事，早稻田大學在 12 月 27 日抵達臺灣，一直待到 1918 年 1月 21 日。這次交流長達將近一個月的時間，期間總共在臺北和高雄打了九場比賽，其中有七場便在臺北新公園運動場舉辦。這九場比賽，臺灣只在第六回比賽以 4：2 取得唯一的一場勝利，這場比賽便是在新公園運動場所舉辦。有趣的是，承辦這場遠征的北部野球協會，最後在經費結算中提到所需費用還不足一百五十日圓，因此協會幹事長加福均三便說這筆超支的費用將由協會自行吸收。

同年年底（1918 年），北部野球協會表示為了回應球迷熱烈的期待，將再度邀請其他球隊到臺灣進行交流。原本擬定要邀請日本的法政大學以及菲律賓的大學球隊，但畢竟年初的交流已經賠錢，因此這次審慎考量經費後，只邀請了日本法政大學來臺比賽。當時的法政大學野球部雖然才成立沒有幾年，但實力不容小覷，已經有打敗早稻田大學的經驗。1918 年12 月法政大學遠征臺灣，一樣進行了九場賽事，前三場在嘉義球場比賽，後面六場則在新公園舉行。儘管臺灣在九場比賽中只贏了一場，但有兩場在新公園的比賽其實戰況相當激烈。1918 年 12 月 30 日在新公園的比賽，法政大學與臺北隊兩邊激戰到九局還無法分出勝負，進入延長賽纏鬥到第

十一局才被法政大學以再見安打結束了比賽。而 1919 年 1 月 3 日那天在新公園的賽事，天氣相當寒冷，約莫只有十度，臺北隊以 6A：4 打贏了法政大，這場比賽也是法政大來臺遠征，臺灣唯一打贏的賽事。

　　1919 年，新公園運動場在臺灣總督府工事部長高橋辰次郎、臺北廳長加福豐次，以及總務課長河村徹、鐵道部技師音羽守的努力之下，開始進行整地、移植樹木。其中高橋辰次郎在球場的測量維護更是親力親為，想將新公園運動場整建成北部更好的場地，畢竟當時北部能提供比賽的場地真的太少了。

　　新公園運動場不僅在日治時期是一個重要的運動場地，戰後也因為臺北地區缺乏棒球場地，新公園運動場曾扮演了相當重要的角色。戰後的「六行庫棒球賽」，就因為地利之便而在新公園運動場舉行，只是新公園因為非標準球場，場地受限太多，周圍的樹木、建築物都會影響比賽的判決，而常引發爭議。

臺北江瀨街廣場

江瀨街運動場又稱鐵道部運動場或是築地町運動場，位置大概是臺北

市萬華區福星里一帶，曾經在 1921 年 1 月 8 日舉辦臺北與美國職業球隊組成的美國隊聯軍的比賽，現場可謂是盛況空前。當時美國隊在木村八生與其他熱心的民眾極力促成下來到臺灣進行交流。這一系列的比賽有販售

◆ 昔日江瀨街廣場的現今概略位置示意圖。

門票，收費分別依據等級不同分為十圓、五圓跟學生軍人票一圓。臺北的比賽場地就選在江瀨街廣場，而且為了迎接美國隊的來臨，還特別進行維護升級。因為在這之前雖然臺北的鐵團很常使用江瀨街的場地進行訓練，但其實場地狀況並不是太完善，還有許多的小石頭，所以當美國職業棒球隊來訪，大家就相當慎重地維護場地，希望美國隊的比賽能夠順利地進行。

　　根據記載，比賽當天吸引了將近五千名觀眾進場，把江瀨街運動場擠得水洩不通。對於地主隊臺北隊來說，能和來自棒球發源地、且是職業棒球隊伍進行比賽，就算是實力上有著懸殊的差距，也顯得相當期待、鬥志

高昂。這場比賽,現場的觀眾可以說是看著美
國隊痛宰地主臺北隊,第一場美國就以 26：0 獲
得大勝,臺北隊面對如入無人之境的美國隊,
可以說是被打得毫無招架之力,實力懸殊讓比
賽勝負真的毫無懸念!

即使面對強大的美國隊,地主臺北隊的打者
福永也有打出整隊唯一的安打,另外投手川島也
繳出了四個三振還不俗的成績表現。有趣的是,
不知道是不是為了比賽的精采度,第三場對戰的
時候竟讓美國隊的投手和捕手與臺灣隊互換,這
場比賽的實力差距就縮小許多,最終是 8：7 由
美國隊獲勝。美國隊來臺比賽,門票幾乎場場完
售,就可知道現場熱鬧的盛況。

1922 年 5 月,臺灣體育協會舉行第二屆的
臺美爭霸戰,相關的比賽就安排在新公園跟江
瀬街廣場舉行。這次的爭霸戰還特別設計了敗

臺北鐵團

臺北鐵團指的是臺北鐵
道部成員所組成的棒球
隊,是臺北棒球隊伍中
的強權之一。鐵團在
1913 年成立,1916 年
曾在明治大學就讀的中
村俊二來臺工作,任職
於鐵道部,由於他在明
治大學有參加過棒球
隊,於是便同時擔任了
臺北鐵團的教練。

部復活的規則，同時也有規定入場應援的規範，例如使用能發出聲音的加油器具時不能違反善良風俗、不能用粗暴的言語進行人身攻擊等等。從當時進球場看棒球比賽就已經有應援的規定，就能感受出在這段時期，觀看球賽是很多人生活中一個很重要的娛樂。

臺北河溝頭廣場

河溝頭是清代具有相當重要性的港口。而離河溝頭最近的聚落，約為今忠孝西路二段至鄭州路間的西寧北路東側街道，稱作河溝頭街，聚落大概位置位在現今臺北市玉泉公園一帶。在日

◆ 昔日河溝頭廣場的現今概略位置示意圖。

治時期，河溝頭街靠近淡水河的地方有個廣場，大約在 1909 年就開始作為棒球的練習場地使用，時常舉辦一些練習賽。同時因為靠近鐵道部，鐵道部相關的人員也經常利用這個廣場進行練習。

臺北南門外廣場、古亭町廣場

位在現今臺北市公園路、愛國西路口，也就是被列為國定古蹟的臺北府城南門（又稱麗正門）與現今臺灣菸酒公司之間。這裡過去在日治時期曾有個寬廣的廣場，附近的師範隊常來這廣場進行練習。

◆ 昔日南門外廣場、古亭町廣場的現今概略位置示意圖。

距離南門外廣場不遠處，也有個古亭町廣場，推測有可能是現在南昌路一帶；雷團、土木團的球隊都會在這裡練習，也時常舉辦比賽。不過1924年臺灣銀行占用此地，到了在湯川充雄出版《臺灣野球史》的時候，已經興建了臺灣銀行的員工宿舍。

臺北大正街廣場

1912年臺灣建築株式會社收購了臺北大正街一帶的土地，三條通、六條通（約莫是臺北中山北路一段附近）因為建築公司的填地工程形成了大片

的廣場。當新公園運動場舉辦活動無法使用時，有些球隊就會轉往這裡的廣場來練習或是比賽。由於廣場附近還有大水溝，常會有球員為了接界外球而掉入水溝的事情發生。有趣的是，這個廣場還堆了不少的牛糞，即使

◆ 昔日大正街廣場的現今概略位置示意圖。

讓場地的味道有點特別，但還是相當受人歡迎，畢竟也是滿特別的回憶。

臺中水源地運動場

早期臺中的棒球場地相當匱乏，在 1914 年到 1915 年間，原本是使用遊廓（風月場所）預定地的空地來當作球場，後來在 1915 年因為御大典（天皇即位典禮），

◆ 昔日水源地棒球場的現今位置示意圖。

當地人協心齊力將土地填平，在這裡興建運動場。雖然設施設備並不完善，但距離市區近，相當方便，因此算是堪用的運動場。一直到 1926 年，在許多人的努力下，水源地運動場跟田徑場同時完工，水源地運動場便成為了棒球比賽的場地。不過根據湯川充雄整理的棒球賽事記錄，有提到一些比賽是在另外一個幸町運動場舉辦。後來，臺中的水源棒球場在 1935 年完工，也就是現在教育部體育署臺中棒球場（臺灣體大棒球場）。

屏東公園

　　許多地方的棒球場，都是利用公園的空地或是廣場這類面積比較大的平地來練習或打比賽。這點在屏東也一樣，主要的棒球場地就位在屏東公園。屏東的製糖公司、大武團都很常利用這個場地。此外，屏東棒球蓬勃發展的程度，甚至已經有了比較完整

◆ 昔日屏東公園的現今位置示意圖。

的會員制度，看比賽需要付入場費，這是其他地區少見的！

◆ 圖 1_屏東公園的一角。◆圖 2_花蓮與宜蘭的球隊於宜蘭公園進行交流友誼賽／建檔單位：花蓮縣文化局。國家文化記憶庫授權使用。

宜蘭公園與宜蘭郡役所前廣場

臺灣東部受限於當時的交通，棒球發展無法像西部一樣興盛。宜蘭雖然有棒球隊，可是並沒有一個像樣的球場或是可以供練習或比賽的場地。1921 年左右，宜蘭公園的廣場曾用來舉辦過比賽，例如稅務團對上聯合軍或南糖團的賽事等等。1920 年代末，軟式棒球在宜蘭盛行時，都會到當時郡役所前守備隊練兵場、公園、學校內的廣場去練球。1929 年 4 月第一屆蘭陽軟式野球大會就在宜蘭郡役所前的廣場熱鬧展開。當時的宜蘭郡役所，戰後曾是舊宜蘭縣政府，因為空間不敷使用，在 1974 年改建為鋼筋混泥土建築，並在 1997 年後拆遷。日治時期的宜蘭郡役所廣場位置

◆ 昔日宜蘭公園與宜蘭郡役所的現今概略位置示意圖。

大概是現在的宜蘭設治紀念館一帶。而宜蘭公園的位置則是目前的宜蘭中山公園。

臺東南町廣場、臺東製糖株式會社廣場

在臺東，早期是利用臺東南町的廣場，1921 年後則是轉往臺東製糖株式會社的廣場（現在臺東糖廠文化創意園區一帶）或是公學校的操場來當作比賽與訓練的場地。

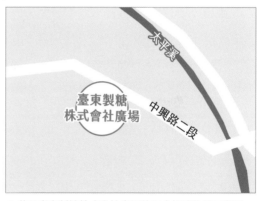

臺東製糖
株式會社廣場

太平溪

中興路二段

◆ 昔日臺東製糖株式會社廣場的現今概略位置示意圖。

▌學校、公家機關

臺北一中操場

臺北一中操場，也就是現在的臺北建國中學，對於當時臺北還沒有足夠球場的情況下，也是幾個可以用來打球的珍貴場地之一。前面曾經提過

◆ 臺北一中全景／典藏單位：國立臺灣歷史博物館。國家文化記憶庫授權使用。

1921 年美國派了職業球隊聯軍來臺灣進行交流，而事實上於前一年（1920年）就在一中操場辦過可能是臺灣棒球史上第一場臺美交流的賽事。

在 1920 年 10 月 31 日的下午一點半，美國東洋艦隊組成的聯隊在一中

◆ 昔日臺北一中操場的現今位置示意圖。

操場與臺北聯隊對戰，美國聯隊有著強大的攻擊火力，擊球相當深遠，甚至打破了好幾個一中宿舍的窗戶，最後美國以 17A：3 大勝臺北聯隊。由於當天適逢是假日，學校沒有上課，並且開放民眾進學校一起觀看賽事，導致現場擠得水洩不通。

臺灣總督府高等商業學校運動場

1919 年臺灣總督府高等商業學校設立，當時也規劃了比較完善的運動

場，在 1922 年後學校遷移到了臺北市幸町 117 番地（這個位置約莫是現在臺北徐州路一帶）。隔年初（1923 年）慶應大學的明星俱樂部來臺交流的比賽場地，就選在高商運動場，可以說是這個場地的開幕賽。

◆ 昔日總督府高等商業學校運動場的現今概略位置示意圖。

濟南路一段
成功高中
紹興南街
杭州南路一段
高等商業學校
運動場
徐州路

1922 年的 12 月 25 日，在三 K 商店的神代正雄促成下，慶應明星俱樂部隊員抵臺，停留到隔年的 1 月 9 日，這段期間總共跟臺灣的隊伍進行了十場比賽，並獲得全勝的佳績。其中在臺北的比賽場地，有新公園運動場以及剛落成的高商運動場。1923 年 1 月 7 日上午 11 點，慶應明星俱樂部在高商運動場進行來臺的第八場比賽，當天的開球儀式還是由高商校長片山秀太郎擔任開球嘉賓，不過這場比賽是由慶應以 29：0 的懸殊比數大勝地主隊！

國語學校操場

說到臺灣的棒球史，一定會提到這個球場，因為許多人認為臺灣棒球史上第一場使用正式棒球規則且有留下紀錄的比賽，就是在這個操場舉辦。日治時期國語學校的位置，是位於現在臺北市立大學博愛校區。臺灣總

◆ 昔日國語學校操場的現今概略位置示意圖。

督府國語學校中學部（後來改制為臺北一中，也就是現在的建國中學）在校長田中敬一主導下，成立了臺灣總督府中學校棒球隊；而國語學校師範部也成立了棒球隊，兩支球隊就在 1906 年 3 月於國語學校師範部的操場展開對決，最終以 5：5 和局做收。

臺北陸軍練兵場

約莫 1914 年，當時臺北棒球正興盛發展，但可以用來練習的場地還不多的情況下，位在馬場町的陸軍練兵場（大概是現在青年公園）的北側也曾拿來當作球場使用。

◆ 昔日陸軍練兵場的現今概略位置示意圖。

臺北鐵道部球場

位在目前臺北延平北路、鄭州路與塔城街一帶，當時鐵道部廳舍的圍牆內有個提供給鐵團專用的球場，1915 年 2 月還進行了鐵團的對內比賽。隔年共進會野球紀念大會也在這個場地舉辦，盛況空前。

◆ 昔日鐵道部球場的現今概略位置示意圖。

臺北第一聯隊營庭

現在的中正紀念堂東側曾設有日本步兵第一聯隊（當時旭町），在這個營隊附近也有個廣場，儘管位在營區中，也曾經有一段時間開放給其他棒球隊使用。1924 年 5 月由臺

◆ 昔日第一聯隊營庭的現今概略位置示意圖。

◆ 圖1_臺灣步兵第一聯隊空地也曾用來當作練習棒球的場地。◆ 圖2_日治時期的圓山棒球場。

灣體育協會主辦第一回臺北中等學校大會,便在步兵第一聯隊營庭舉行。能高團也在這裡對戰過臺北一中。1926 年 5 月還舉辦過臺北市內中等學校聯賽。當時的聯隊長濱島高義、司令官松木直亮願意開放球場讓各界使用的做法,讓許多人大讚相當親民。

▍正式棒球場

臺北圓山球場

1923 年完工的圓山棒球場可以説是臺北第二個球場,特別是當新公園棒球場後續只能提供軟式棒球的訓練與比賽後,賽事便都轉往圓山球場。儘管湯川充雄認為圓山球場還不是一個設備充足的場地,是比較可惜的

事，不過這裡也舉辦過不少球賽，包含 1923 年到 1941 年每年舉行的全國中等學校優勝野球大會（夏季甲子園），都會選出臺灣代表隊前往日本甲子園比賽。後來為臺灣民眾熟知的嘉義農林棒球隊也是在圓山球場取得參賽權。這裡不僅僅能打棒球，也會進行運動相關的賽事，例如賽馬大會。

◆ 昔日圓山球場的現今位置示意圖。

1942 年圓山球場改建成日本陸軍療養病院，在二戰期間多次遭受到砲火無情轟炸，二戰結束後有段時間也成為臨時的戰俘營。中華民國來到臺灣後，省運會的棒球賽也在圓山棒球場舉行。之後國際情勢改變，臺灣接受美援，這裡就變成美援物資的集散地，直到退出聯合國。之後圓山棒球場改建成中山足球場，但受限於場地位在飛機的航道下，嚴重的噪音問題會影響足球比賽的進行。後來多有大型活動或演唱會利用這場地，最後轉型為花博展館（爭豔館）。

基隆高砂球場、仙洞球場（築港廣場）

基隆位於臺灣北邊、多雨，屬於以丘陵地形為主的城市，受限於地形以及氣候的影響，對於戶外的運動發展也比較不利，在日治時期曾有人認為基隆身為一個重要的港灣都市，居然沒有一個像樣的球場！基隆有記載的球場主要有兩處，一處是高砂公園，另一處則是仙洞球場，也就是築港廣場。

基隆的高砂公園位在基隆港南側，大概是現在基隆市孝一路一帶，1903年完工時，可以說是臺灣第二

◆ 昔日高砂球場的現今概略位置示意圖。

◆ 昔日仙洞球場（築港廣場）的現今概略位置示意圖。

◆ 基隆高砂公園的一角。

座現代化公園（第一座是 1897 年開園的圓山公園。如今高砂公園已不存在）。不過這裡的場地狹小，其實並不適合舉辦棒球賽事，所以就算交通位置相當便利，能使用的程度也相當有限。相較之下，基隆仙洞球場（築港廣場）的使用程度就比較多一些，許多比賽都有紀錄到在這裡舉行，地點就在目前基隆仙洞巖一帶。

　　就算有了兩個可以用來練習與比賽的場地，跟有許多場地的臺北相比，基隆只能說有兩個勉強可以打球的平坦空地而已。畢竟受限於先天條件不良，要有一個足夠大的空間來興建球場本身就不是一件簡單的事情。即使如此，基隆的棒球發展也相當熱鬧，多以軟式棒球為主，例如築港團、稅關團、郵便團等等，都是相當活躍的軟式棒球球隊。基隆軟式棒球也組織了基隆野球聯盟，聯盟相關的賽事都在築港廣場舉辦，第一屆基隆軟式大會在 1929 年 9 月在築港廣場開打，同年 10 月 29 日的冠軍賽是築港團對戰山下汽船，本來前五局的比賽兩隊都有分數進帳，互不相讓，但五局後築港團的表現力壓山下汽船，最後以 13：3 大勝山下汽船。

新竹公園球場

大正時期,臺北正陷入棒球熱潮時,新竹並不是一個棒球很興盛的地方,當然也不會有所謂的棒球場。球場出現之前,新竹的棒球活動都是利用公園或是公學校的空地、州廳旁的場館來進行練習或比賽。大約在 1921

◆ 昔日新竹公園球場的現今概略位置示意圖。

年,新竹的軟式棒球有著比較多的發展,開始有愈來愈多人認為新竹需要一個棒球場,因此努力爭取了經費,並在 1923 年在新竹公園的北側設立了一個可以打棒球的場地,同年還邀請了總督府團球隊來打新竹公園球場的開幕戰。不過這個球場紅土偏硬,再加上新竹著名的「風」,因此比賽、練習時一直有許多困擾,但對喜歡棒球的球迷來說,能有一個場地能比賽已經是相當令人開心的事情了。根據記載,1925 年到 1926 年可以說是新竹棒球相當熱鬧的時候,以新竹州團來說,參與人數不少,還能分成三組

◆ 新竹公園的一角。

（三軍）的團隊來與其他球隊交流。其他在新竹比較知名的球隊有新竹州團、帝糖、實業、驛隊，這些球隊都會定期舉辦爭霸賽，新竹也舉行過多場全島大會，其中新竹州團、實業團可以說是新竹實力堅強的代表隊伍。

嘉義公園棒球場

嘉義早年以糖廠棒球隊為中心曾相當熱鬧，1930年代則有著名的嘉義農林棒球隊、嘉義中學棒球等學生球隊。在 1917 年前，嘉義南門外有個建築公司，當時就是整理好建築公司的空地來提供給棒球比賽使用。

◆ 昔日嘉義公園球場的現今概略位置示意圖。

在 1917 年 10 月，嘉義神社一帶開始興建棒球場（嘉義公園內），並在隔年完工。不過根據湯川充雄的說法，由於這個球場距離居民的生活中心較遠，不算是個使用率高的球場。1918 年 12 月北部野球協會邀請日本法政

大學來臺交流，12 月 21 日的第一戰就在是嘉義球場對上鹽糖隊。這天的比賽同時也是嘉義球場的開幕比賽，接著一連打了三天，都是法政大取得勝利，而這三天也吸引了許多人前來觀賞，可以說是相當熱鬧。另外，在1930 年底，當時日本京都的平安中學校來臺遠征，前來的選手包含了出身臺灣的伊藤次郎（羅道厚）、伊藤正雄（羅沙威）以及稻田照夫（阿仙），這一趟平安中遠征從 1930 年的 12 月 27 日到 1931 年的 1 月 6 日共打了九場，其中 1931 年 1 月 3 日的第七場賽事就在嘉義公園球場舉行，當時的對戰隊伍是嘉義農林棒球隊，伊藤次郎與嘉義農林的吳明捷都是先發選手，光想像對戰畫面就讓人熱血沸騰了。

臺南球場

臺南的專用球場，是在菱村彥十郎的倡導，以及臺南州知事橫光吉規在各界的力挺下，於臺南市南門外建造場地，該球場在 1930 年動工，並在 1931 年 1 月 31

◆ 昔日臺南球場的現今位置示意圖。

日正式落成啟用。根據記載，這球場占地面積有
8695 坪，並設計有觀眾席，可以容納九百位觀
眾。同年的 2 月 6 日、2 月 7 日盛大舉辦了全島
棒球大會為球場的開幕賽事，可惜這次的全島
大會，最後在臺北 CB 隊對全高雄隊時，因為發
生了判決爭議，所以高雄直接棄權退場，算是
一個比較不美好的收尾。不過這球場在臺灣擁
有相當重要的歷史地位，目前就是中華職棒統
一 7-11 獅的主場。雖然該球場年代已久，且受
限於附近的街道無法有大大規模的翻新整建，但
主場球隊滿能善用該球場的歷史與當地人文特
色，舉辦的主題日頗受球迷好評！

高雄嫩球場、西子灣球場

大正時期的棒球運動，在高雄也蓬勃發展，
1918 年早稻田棒球隊來臺遠征時，在高雄使用
的是公館前球場（也就是目前鼓山區鼓山一路、

**伊藤次郎、
伊藤正雄與
稻田照夫**

三人皆為「能高團」成
員。能高團是臺灣第一
個有文獻記載，全部由
原住民組成的棒球隊。

五福四路交叉口一帶），但後來鹽埕町的嫩球場落成，成為高雄棒球比賽最重要的場地之一。1924 年 9 月 21 日，高雄州野球協會在嫩球場舉行成立大會，當天從各球團招募選手分成紅白兩隊來比賽，現場湧來各地

◆ 昔日公館前球場的現今概略位置示意圖。

的民眾，相當熱鬧。當天進行了兩回合的對抗賽，第一回白軍以 15：1 大勝；第二回合則陷入激戰，還打到延長賽，結果因為火車預計四點二十分開車，現場連裁判都相當緊張會無法趕上火車回家。最後為了讓大家方便趕火車，全部人便在四點左右一起喊了三聲萬歲就結束比賽，然後一同趕車，光想這畫面就覺得相當有趣。但因為 1928 年都市更新計畫，拆除了嫩球場。同年 2 月則有高雄西子灣球場落成。湯川充雄形容西子灣球場相當壯觀，兩側利用原始山地地形設立觀眾席，加上靠海的緣故，打球後還能就近去海水浴場玩水。但也受到海岸位置影響，西曬比較嚴重、碎石頭較多，對比賽來說其實還是諸多不便。湯川充雄出版《臺灣野球史》的時候，

◆ 花岡山公園棒球場／建檔單位：花蓮縣文化局。國家文化記憶庫授權使用。

已經有人研議在高雄前金一帶興建更有規模的球場，也就是就是現在高雄立德球場的前身。

花蓮花岡山球場

花蓮的球場最有名就是花岡山了，位置是在現在花崗國中旁邊的花崗山綜合田徑場，許多比賽都會在這裡舉行。由於花岡山球場座落在市區東方的高台上，看出去的景色一望無際相當美麗，當年博得全國皆知的高知名度、由原住民組成的能高團便是在此訓練。

◆ 昔日花岡山球場的現今概略位置示意圖。

在湯川充雄的《臺灣野球史》中，在當時臺北城一帶至少提到了超過

◆ 1931 年 1 月平安中學在花岡山棒球場對上朝日組隊，比賽前雙方代表握手／建檔單位：花蓮縣文化局。國家文化記憶庫授權使用。

十個可以使用的棒球場或是運動場，但其他各地的球場數量就不太多。不過已經能大略了解日治時期整個臺灣球場的狀況，不難發現廣場和公園都是主要的練習或是比賽的場地，多數也會用到學校內的廣場或是運動場、練兵場、糖廠內的空地等等，畢竟打棒球需要比較廣大、平坦的空間。在當時棒球蓬勃發展時，許多棒球相關的組織邀請日本棒球隊來臺進行交流賽，讓可用於比賽的場地一直處於很緊繃的狀態，所以興建更理想的棒球場，就成為官方與民間棒球同好一齊努力的方向。

臺北市立棒球場

臺北市立棒球場在 1959 年落成啟用，中間經歷過許多整建、迎來許多振奮人心的賽事，也曾有過棒球運動推廣的低潮時期。雖然不是最頂級的球場，甚至在 1990 年職棒開打後，場內硬體許多問題都讓球迷抱怨，但依然在大家心中有著無可撼動的地位。

從前一篇可以知道日治時期，日本人會將棒球文化帶進來臺灣，是因為棒球是他們平常的娛樂，在臺灣的日本人便透過棒球運動來排遣思鄉情緒，因此棒球開始落地生根。臺灣各地的廣場、公園、學校操場等等都有可能是棒球隊用來練習或是比賽的場地，有些地方則透過各方有力人士積極地興建棒球場。這些球場就成為了戰後初期主要的棒球活動用地，包含了臺中棒球場（水源地球場）、臺南棒球場、高雄立德球場。至於臺北條件比較好一點的圓山球場，由於戰後不久成為了美軍物資的集散地，無法進行練習與比賽。

　　日治時期，臺日兩地的棒球交流算是相當頻繁，於是臺灣各地開始興建棒球場，讓球場的硬體設備在當時有了比較基礎的建設。而到了戰後初期，許多資源與經濟活動比較艱辛，包含了運動環境與資源。1953 年時任臺灣省棒球委員會常務委員的謝國城，邀請了早稻田大學來臺灣進行棒球交流，隔年也跟日本、菲律賓、韓國一起組成了亞洲棒球聯盟，積極推廣棒球運動，並且爭取在臺灣舉辦國際賽事。這番努力的推廣都會面臨到同一個問題：「臺灣沒有能打國際賽的棒球場！」因此，興建一個符合相關標準的球場就成為了省棒委會的重要議題，畢竟要提高臺灣的棒球運動水

準，勢必要有一個基本的標準球場。

只有七十二元經費的球場夢

蓋一座球場，不僅需要公部門的支持與投入資源，最重要的就是經費的問題，畢竟有錢好辦事，沒錢也只是空有夢想，什麼事情都無法推進。1957 年臺灣省棒球委員會升格成為中華全國棒球委員會，擔任總幹事的謝國城發現棒委會的經費只剩下七十二元（有另一說只剩下五十七元）。1957 年當時國民平均所得一年是三千七百三十二元，也就是平均一個月的薪資收入是三百一十一元，而棒委會的戶頭居然連一個人一個月的薪水都沒有，但謝國城鍥而不捨為了在臺北蓋一座棒球場而四處奔走找資源、找錢。場地尋尋覓覓，有的甚至因為土地

謝國城

從小就在日本念書，畢業於日本早稻田大學。早稻田大學是東京六大學野球聯盟的學校之一（六大學野球聯盟包含了早稻田、法政大、慶應義塾、明治、立教與東京大學共六所學校），所以謝國城在早稻田就讀時應該深受學校棒球文化的薰陶。1949年臺灣省棒球委員會成立，謝國城擔任總幹事，一生都在為棒球奔走，積極推動臺灣棒球運動，對臺灣棒球發展影響很深，有「棒球之父」、「少棒之父」的稱號。

被違建長期占有而無法處理，讓蓋球場的進度一直不斷延後。最終在高玉樹擔任臺北市市長時，決定在臺北市敦化北路跟南京東路口蓋新球場，並由臺北市政府跟棒委會各出資二十萬元來當作興建新球場的經費。當時棒委會只有七十二元，距離二十萬元的目標實在差距太遠，最終這接近二十萬的缺口，是由唐榮鐵工廠的唐傳宗補上，讓臺北市立棒球場終於有了經費可以開始動工。在還沒正式完工前，1957 年 12 月臺北市立棒球場就先舉辦了臺北市聯隊對戰早稻田大學的交流賽，但臨時整理出來的場地讓比賽總是險象環生。球場因為各種因素蓋蓋停停，中間也因為原本募得的四十萬經費不夠支出，增加預算到了八十萬。這四十萬的缺口，也是謝國城又透過關係、人脈到處去請託、募款，終於湊足經費才將臺北市立棒球場蓋完。可以說，這座球場幾乎都是靠著民間的捐款才能順利完工。1959年臺北市立棒球場落成，第一任棒球場場長是蕭德宗。熱衷於棒球的蕭德宗可以說是以球場為家，許多球場養護的工作都親力親為，甚至一家大小都一起投入。

球場啟用後仍問題叢生

　　近年每次提到在臺灣舉行國際棒球賽，場地問題一直是被人質疑的地方，認為臺灣幾乎沒有能真正符合國際大賽水準的棒球場地，其實這樣的問題早在五十多年前就已經存在了。雖然 1959 年臺北市立棒球場終於啟用，但其實當時的硬體水準根本還相當陽春，座位區只有本壘後方有部分座位；球場沒水、沒電、沒廁所，如果有賽事在這裡舉辦，還得在外圍搭臨時廁所；甚至連夜間照明設備都沒有，根本談不上一個所謂的標準球場。不僅從一開始興建就缺乏資金，落成後也籌措不到基本維護的經費。在 1961 年，臺北市政府為了讓隔年臺灣主辦的第四屆亞洲盃棒球賽能順利舉行，提撥了二百四十萬來進行球場的整建。這次臺北市的經費足足比 1957 年還多了二百二十萬元，終於讓球場有水、有電、有廁所、一三壘側有看台，比較像是一個標準的棒球場了。1962 年 1 月 2 日亞洲盃棒球賽順利在臺北市立棒球場開幕，球場萬頭攢動，擠滿了球迷。當天的開幕戰由地主隊臺灣與菲律賓對戰，第一戰就以 7：0 拿下勝利，更讓現場熱血沸騰。而臺北市立棒球場在幾年後也進行了第八屆（1969 年）和第十屆（1997 年）

亞洲盃棒球賽的賽事，因此這場地在臺灣棒球歷史的地位與意義都相當重要，只是一直受限於經費不足的問題，使得球場無法好好改建。只靠著球場比賽門票收益來舉辦國際賽、支付球場相關開銷也讓謝國城看到天氣不好就壓力很大，畢竟票房就是收入來源，等於也是得看天吃飯！

盛況空前的國際交流賽事

臺北市立棒球場之所以在許多棒球迷的心中地位相當重要，因為這裡承載著許多重要的賽事，對許多人來說那是很重要的回憶。過去在日治時期，棒球界已經很常邀請日本的球隊來臺灣交流，包含早稻田、慶應、法政等日本知名的六大學野球聯盟球隊。在臺北市立棒球場落成後，喜愛棒球的人士極力邀請早稻田與慶應大學來臺進行交流戰，這兩個超級名校來臺對戰可以說是史無前例，未演先轟動！ 1963 年 1 月 1 日這兩支傳統強隊來臺進行交流賽，其中兩場賽事便安排在臺北市立棒球場舉行。雖然當天天氣並不算好，飄著毛毛細雨，但依然吸引了許多球迷，可以說將臺北市立棒球場擠得水洩不通。

1965 年 12 月在日職拿下全壘打王、有極高人氣的王貞治返臺，出席在臺北市立棒球場的表演活動，吸引了許多球迷進場。王貞治在場上展現了他獨到的「稻草人」打擊姿勢，獲得全場球迷的歡呼。後續王貞治也多次來台，其中 1968 年日本職棒讀賣巨人隊來臺春訓，在臺中與臺北共打了三場交流賽，王貞治還在臺北市立棒球場的比賽有全壘打的表現，讓現場球迷陷入瘋狂。

而在臺北市立棒球場最受人矚目的賽事，就是 1968 年的紅葉旋風。1968 年紅葉少棒在第二十屆學童棒球賽拿下冠軍，當時這支來自臺東偏鄉部落的棒球隊，沒有受到資源不足的限制，一路過關斬將拿下冠軍，就已經吸引了不少人的關注。謝國城決定邀請關西少棒聯隊來臺灣訪問，跟紅葉少棒和垂楊少棒進行交流賽。紅葉少棒與關西聯隊對戰前，垂楊少棒在交流賽已經先

王貞治

以獨特的金雞獨立打擊姿勢聞名，在日本職業棒球選手生涯共擊出了八百六十八支全壘打，雖然未在臺灣長期居住，但持有中華民國護照，且心繫臺灣棒球發展，常受邀回臺灣出席各項棒球公開活動。

◆ 1965 年 12 月 7 日王貞治在臺北市立棒球場向球迷展示了他的招牌打擊動作——稻草人式打法。
／聯合報系聯合報，記者王萬武，1965.12.7。

吞下一敗，但該場比賽過程相當刺激，因此紅葉少棒這一役，賽前已經承載了許多棒球迷的渴望，期盼能打敗日本隊。當天觀戰的人幾乎擠滿了球場，甚至還許多人爬上圍牆只為了觀看比賽。最後紅葉少棒以 7A：0 打敗日本關西聯隊，比賽結束後少棒隊員繞著臺北市立棒球場向觀眾致意。紅葉少棒旋風就從臺北市立棒球場的這場勝利開始延燒，電視與報紙的報導鋪天蓋地，紅葉少棒的小朋友們一夕之間似乎成了抗日英雄，開啟了紅葉傳奇的狂熱，讓全臺陷入棒球的熱潮，影響了往後臺灣棒球的發展。後來這場紅葉少棒打敗日本聯隊的熱血賽事，在 1988 年也被改編成電影《紅葉小巨人》。

◆ 1968 年 8 月 25 日紅葉少棒在
  臺北市立棒球場與日本關西聯
  隊比賽／聯合報系聯合報，記
  者王萬武，1968.8.25。

迎接大整修時代

　　先是紅葉國小帶來了旋風、後來金龍少棒也拿下了威廉波特世界少棒
大賽冠軍，1969 年臺灣的棒球熱潮在國族情緒的渲染下愈來愈旺，棒球成
為了最受重視的運動。同時隨著臺灣經濟逐漸好轉，臺北市立棒球場也在
當時社會氛圍重視棒球運動的情境下，有了整修的契機與聲浪。

　　沒過多久，臺灣在爭取 1971 年主辦遠東區少棒賽預賽之時，連夜間
照明設備都沒有的臺北市立棒球場，就被世界少棒聯盟質疑是否能順利比
賽。為了能順利舉行賽事，當時臺北市政府提撥六百多萬經費來進行改
建，於是臺北市立棒球場的本壘後方終於有了遮陽板、外野有了看台，還
重新鋪了草皮。至於臺北市立棒球場外的經典傳統宮殿式正門，也是在這
一年落成，可以説整個棒球場終於脫胎換骨，以嶄新的風貌來迎接遠東區
少棒的預賽賽事。當時售票的熱烈程度甚至需要出動警察來維護購票秩

◆ 1971年1月23日臺北市立棒球場為迎接遠東區少棒選拔賽，開始進行整修。／聯合報系聯合報，
記者高鍵助。

序。而這一年在臺北市立棒球場舉辦的遠東區少棒賽，已經有著熱鬧的商
業活動與賽事單位一起行銷宣傳，最知名的就是「可口可樂」。在冠軍賽的
前一晚，臺北市立棒球場外已經有超過五百人準備徹夜排隊買票，有的人
帶了睡袋、有的人帶了草蓆，各種小吃攤販也聚集在這裡，在當時來說大
概可以稱為奇觀吧！而這一屆的遠東區少棒賽，臺灣代表隊巨人少棒也順
利在臺北市立棒球場擊退日本隊，拿到預賽冠軍，取得前往世界賽的門票。

　　儘管臺北市立棒球場的設施已經有所改善，但沒有夜間照明設備這
點一直是謝國城想要改進的地方。畢竟晚上如果不能比賽，就無法提升收

◆ 1971 年 7 月 25 日臺北市立棒球場整建完工，本壘後方座位有了遮雨棚／聯合報系聯合報，記者高鍵助。

入，球場能舉辦的比賽場次也會因此受限，因此他一直透過各種機會爭取預算，來為臺北市立棒球場增建照明設備。在 1974 年那年，臺灣拿下三冠王榮耀，謝國城趁著與當時的行政院長蔣經國會面的時機，當面爭取要為臺北市立棒球場設置照明設備，並在同年獲得了臺北市政府增撥預算來改建，於 1975 年完工。臺北市立棒球場落成十多年後，終於有了照明設備，能夠在晚上進行比賽了。當年八月臺灣第二次舉辦遠東區少棒賽，便是在晚上進行開幕典禮。

持續升溫的棒球熱潮

　　雖然臺北市立棒球場一直與所謂的國際標準棒球場有段差距，而且在經費無法一次給足的情況下，都只能一點一點改建整修，但也慢慢讓場地設施愈來愈完善。如此一來，能在這裡舉辦的比賽就愈來愈多，當然也能承接國際賽事，包含少棒、青少棒、青棒這三級棒球的選拔賽在內，首選比賽地點就是在硬體設備比較完備的臺北市立棒球場。而每每只要賽事有中日對戰，就會湧入滿場球迷，甚至會看到許多球迷用盡各種方法「爬進」棒球場的超狂熱畫面。

　　除了少棒賽事帶來的激情，成棒賽事在臺北市立棒球場也開始吸引大家目光。1979 年由輔仁大學與文化大學共同舉辦的第一屆成棒梅花旗爭奪賽，就在臺北市立棒球場舉行，當年兩校各自有女生組成的啦啦隊在看台上一起應援，對當時國內的棒球賽事來說相當新奇。首場賽事就吸引了至少四千多位球迷進場，熱鬧的氣氛也帶動了後續球迷進場看比賽，每場能吸引到接近萬人的球迷到場為球隊加油。而原本只是兩校之間的對抗賽，在舉辦三年後擴大規模，改為全國錦標賽，其他重要的比賽也都選在臺北市立棒球場開打。

　　1981 年嚴孝章接任中華民國棒球協會理事長，當時設定的工作目標，包含了臺北市立棒球場的整建，目標要讓臺灣擁有一座現代化的國際標準棒球場，因此極力改善場地水準、更新看台，同時也在相關人員的工作室、貴賓室都加裝冷氣。畢竟如果要持續爭取主辦各種國際賽事，勢必要有更先進的棒球場才行。雖然當時整建部分，臺北市政府可以補助一千八百萬、教育部則是補助一千萬，但剩下約一千兩百萬的施工費用差額卻要中華棒協自行籌募款項。就在經費不足、施工期短的情況下，整建好的球場在下雨天無法有效排水，連貴賓室、裁判室等空間也會漏水，整體的施工品質實在慘不忍睹。但以當時臺灣的棒球環境來說，臺北市立棒球場已經是臺灣最佳的球場了。

棒球三冠王

1974 年，中華隊少棒、青少棒跟青棒都拿到了世界冠軍，是臺灣首次在三個層級棒球的世界賽事中同年都拿下冠軍，為首次的「三冠王」，當時可以說是全國都為棒球瘋狂、有著高度討論度的年代。臺灣總共拿下六次三冠王的榮耀，分別在 1974 年、1977 年、1978 年、1988 年、1990 年、1991 年。

中華職棒開打！

　　舉辦過各種選拔賽、國際賽事的臺北市立棒球場，終於在 1990 年迎來了職棒開打，王貞治也特別來臺擔任職棒開幕的嘉賓。職棒第一年的進場人數全年總計約九十萬人，在當年進場人數最多的前二十場賽事，臺北市立棒球場就占了十五場；而這十五場賽事中，有兄弟象的比賽就占了十四場，可見當年兄弟象的人氣有多麼驚人。只要有兄弟象的比賽，不管是主場或客場，總是能吸引到更多的球迷關注。職棒開打帶來了許多熱潮與話題，也讓臺北市立棒球場成為許多球迷共同成長的回憶。

　　由於臺北市立棒球場如果要讓職棒隊伍進行賽事，場地使用頻率相對就會頻繁許多，原有的臺北市立棒球場便需要改建才能符合需求，因此中華棒協與中職聯盟決定要整建臺北市立棒球場。根據報導，當時先由中職聯盟墊支了約三百五十萬元的整修費用，不過實際上應該是由時任中職聯盟祕書長洪騰勝自己掏腰包出錢改建球場和記分板。

　　1992 年 11 月美國聖地牙哥教士隊來臺交流，是職棒開打後第一次與臺灣進行交流賽的大聯盟球團。當時是由教士隊總教練湯姆・甘伯亞（Tom

Gamboa）領軍，由於教士隊沒有提前場勘，所以他在比賽前一天球隊於臺北市立棒球場練習時，才發現球場的狀況相當不理想，特別是坑坑洞洞的外野可能會讓選手受傷，因此特別集合了選手要大家注意安全。

　　1993 年洛杉磯道奇隊來臺進行交流賽，道奇隊總裁彼得‧奧瑪里（Peter O'Malley）在賽前就先到臺灣與當時中職聯盟秘書長屠德言一起檢視臺北市立棒球場，確認交流賽能夠在安全的標準下進行。這應該是戰後臺灣第一次與美國職棒的相關人員，為了兩個職業聯盟交流賽共同勘查和討論場地的事項。表定在 1993 年 10 月 29 日進行的賽事，奧瑪里提前一個多月，在 9 月 17 日便抵臺檢查球場設備，而開賽前這段期間道奇隊相關人員也多次來臺，反覆察看確認。整個臺北市立棒球場需要改進的項目包含了整平地

中職聯盟

中職聯盟全名為中華職業棒球聯盟，1989年 10 月 23 日成立，是臺灣第一個職業運動聯盟，創始球隊有兄弟象、三商虎、統一獅、味全龍。1990 年 3 月17 日臺灣棒球史上第一場職業比賽開打，當天還邀請了王貞治擔任開球嘉賓。

中華棒協

中華棒協全名為中華民國棒球協會，前身為臺灣省棒球委員會，1973年 2 月 28 日配合全國各單項運動組織改組，改名為中華民國棒球協會，屬於民間組織。

面、修補全壘打牆護墊、整理投手丘、改善牛棚、更新壘包、重新粉刷球員休息室、擴充三壘側的醫療室及設備等等。一直到比賽前一天，道奇隊的人員都還在給予場地改善的建議，最後道奇隊給了一個勉強及格的六十分讓比賽能夠進行。當時道奇隊來臺灣，不僅在設備上有要求，連球團的管理、教練、球員、防護員，以及醫療相關設備與人員都具有相當的規模，當下就能感受到美職與中職之間巨大的差距。當時交流賽的三連戰，依序是由味全龍和俊國熊聯軍、統一獅和時報鷹聯軍，以及兄弟象和三商虎聯軍來對上道奇隊。前兩場票房表現不佳，分別只售出八千多、六千多張門票，要到第三場象虎聯軍的門票才完售，由票房表現也能看出了中職球隊的人氣差距。

　　道奇隊離臺後，聯盟祕書長屠德言便積極拜會臺北市市長黃大洲，爭取改善臺北市立棒球場的機會。這一次改善最大的重點，除了終於有經費可以整頓臭到不行的廁所之外，由於球迷情緒高漲會拆除座椅丟入場中，只好拆掉內野的座位，重新用壓克力材質鋪設，也規劃了對號入座的座位來控管進場人數。

◆ 1993 年 9 月 17 日道奇隊總裁奧瑪里（中右）由中職聯盟秘書長屠德言陪同，到臺北市立棒球場參觀視察／聯合報系聯合報，記者曾吉松。

熱情到「拆椅子」的球迷

　　說到拆椅子，這真的是老球迷幾乎都有經歷過的事情。其實早在職棒開打之前，球迷投入棒球的瘋狂程度就讓人難以想像，常常會有人光是不滿意判決就往場內丟垃圾。所以當時就有許多人表示臺灣棒球不能光是改善硬體的設備，整體的運動文化涵養也需要再提升。到了職棒開打，棒球比賽變得更加密集、更加刺激，球迷在激動之處丟擲垃圾、水瓶、便當，

甚至拆座椅往場內丟的事情時有所聞，還有球迷在現場激動的情緒下就跳上桌子脫掉上衣，熱情應援吶喊，這可以說是球場內另一個激烈的文化啊！

　　現在回想起來，當年的戰火煙硝味濃厚，球迷之間投入的程度，不僅是場內比賽，連場邊的應援都火熱熱、燒燙燙的。1992 年三商虎跟兄弟象在臺北市立棒球場交手，一直打到九局上半結束，主場的兄弟象依然落後兩分。兄弟象在最後半局攻勢，派出林百亨代打，擊出了二壘方向的高飛球，當時三商虎的二壘手鄭幸生接住後向後倒，讓原本接到的球從手套中掉了出來，可是二壘審卻判林百亨出局，當場引發了兄弟象教練的抗議。球迷當下已經按奈不住情緒將手中的物品丟向場內，激憤的球迷還拆了椅子，讓比賽受到延誤。後續雖然整理好場地繼續比賽，但最後兄弟以 4：6 敗給了三商虎，球迷無法平撫憤怒，紛紛拆除椅子，至少拆了三百七十五張座椅。當天也有球場工作人員報警，將四名球迷帶回偵訊，並以毀損公物的罪名移送法辦。當然後來很多比賽都還是能看到椅子、瓶罐、加油棒齊飛的場景，可想而知這些球迷對棒球有著近乎瘋狂的狂熱。

　　另外，在 1990 年 5 月 28 日那天，球迷們也展現了不同凡響的「熱

情」。當天，原本在臺北市立棒球場要進行兄弟象對三商虎的比賽，不過一大早就開始下雨，聯盟早早就已經宣布當天的比賽延賽，不過雨勢沒有持續太久。中午天氣放晴後，許多球迷前往球場，發現門上已經貼了延賽公告，卻遲遲不肯離去。看不到棒球賽就不想回家的球迷怒氣沖沖到聯盟辦公室抗議、鼓譟，聯盟無法安撫這些激動的球迷，只好開始想辦法找兩隊球員回到球場，當天晚上三商虎還是跟兄弟象如期完成了比賽。這場比賽可以說是靠球迷的「瘋狂惡勢力」，逼迫聯盟取消延賽公告進行賽事。

　　一周後的 6 月 7 日，兄弟與味全的比賽也是從早上就持續下著雨，聯盟很快就貼出了延賽公告。沒想到中午放晴，球迷陸續到現場後，認為天氣晴朗沒有必要延賽，堅持不肯離去，直接留在現場等候「開賽」。聯盟抵擋不過球迷的抗議，要求龍象兩隊的球員返回球場準備晚上的賽事。當時身為兄弟象球員的洪一中回憶起那天的狀況，提到自己已經回家吃飯了，卻接到球團打到家裡的電話，只好匆忙趕回球場。而他的隊友李文傳則是在統領百貨吃飯，聽到請龍、象兩隊選手返回球場的廣播才回去。但當天臨時召回球員也無法順利開打，據說現場一開始還沒等到味全龍的球員趕回球場，場邊的球迷就跳進場內跟兄弟的選手打起球來。大概打了兩

局後，有幾位味全龍的球員回到臺北市立棒球場，於是現場
協調改成全壘打表演賽，最後才終於讓球迷們滿意離去。洪
一中還回憶起在職棒草創時期在臺北市立棒球場的點點滴
滴，球迷對於棒球、支持的隊伍，都相當痴狂，瘋狂的球迷
還會自帶雞蛋進場丟擲，有幾次比賽還能聞到雞蛋曬過的臭
味。

　　1992 年在職棒擁有最多球迷的兄弟象，在該年度的上
下半球季都奪得冠軍，順理成章拿下了當年的總冠軍。可是
這樣一來，當年就沒有冠軍賽可以打，球迷也就沒有總冠軍
賽能看了，聯盟於是推出替代方案，由兄弟象對戰統一獅、
味全龍、三商虎聯軍，進行最多七戰的賽事，由最先拿下四
勝的隊伍勝出。其中前三場都在臺北市立棒球場進行，兄弟
象也拿下了這三場的勝利。第四場、第五場分別移師到臺中
棒球場、高雄立德球場，這兩場比賽則都由明星聯隊獲勝。
戰局拉回了臺北市，第六場又是在臺北市立棒球場開打，湧
入破萬人進場。當天的戰況互相拉扯，打到第九局結束後

◆ 1992 年的臺北市立棒球場／聯合報系聯合報,記者洪克紀。

兩隊平手,一路纏鬥到第十三局下半。最後,激戰五小時的賽事終於在王光輝一棒擊出再見安打結束,全場象迷為之瘋狂,兄弟象拿下了史無前例的金冠軍。賽後象迷從臺北市立棒球場一路走回兄弟大飯店,除了現場看球的一萬多人外,應該還加入了許多前來祝賀的球迷。據悉當時在南京東路的兄弟飯店附近「遊行」慶祝的球迷應該超過五萬人,造成了那一帶的交通癱瘓。相信這段回憶,不僅是當年參賽的兄弟象球員,許多球迷回憶

起來仍津津樂道,要能像當年這麼瘋狂從球場到球員宿舍都擠滿了慶祝人潮,真的很難啊!

功成身退,永存回憶

　　臺北市立棒球場在 1959 年落成啟用,中間經歷過許多整建、迎來許多振奮人心的賽事,也曾有過棒球運動推廣的低潮時期,一直到 1990 年職棒開打,又再度掀開了臺灣棒球的熱潮,也成為了那段時期臺灣舉辦過最多棒球賽事的棒球場。使用了四十多年後,球場的硬體設備已經跟不上當時所需,而新莊棒球場在 1997 年落成後,就於隔年的 1998 年成為中職棒球賽例行賽的球場之一。另外,臺北市的巨蛋也已經決定好了位置,臺北市立棒球場則將作為室內體育館的預定地,因此確定會在 2000 年走入歷史。2000 年 10 月 1 日最後一場在臺北市立棒球場舉行的職棒比賽是由統一獅對戰兄弟象,可惜的是受到之前假球案的影響,球迷關注中職賽事的熱情已經不復當年,當天賽事僅有四千多人入場。比賽結束後開放現場球

◆ 臺北市立棒球場拆除前，球迷挖土留存紀念／鄭永翔提供。

迷走到球場內，將場上的紅土裝罐帶回留念。同年的 11 月 22 日到 11 月 26 日，舉辦了「20 世紀臺北棒球場回顧紀念賽」，這是球場拆除前的最後一場大型活動，讓球迷跟球場做最後的回憶與告別。11 月 26 日由兄弟象的投手劉義傳投出最後一球，解決了臺北大學明星隊打者張建銘，比賽結束，臺北市立棒球場正式謝幕，不再舉辦任何賽事與活動。11 月 28 日推土機進入臺北市立棒球場將紅土、草皮轉移到天母棒球場與臺北體育場；12 月中臺北市政府新建工程處開始執行拆除作業；2001 年 1 月 18 日，臺北市立棒球場最具代表性的宮殿式正門也正式拆除、歸於塵土。臺北市立棒球場雖然不是頂級的球場，甚至在 1990 年職棒開打後，場內硬體許多問題都讓球迷抱怨，但依然在大家心中有著相當重的分量。資深球評曾文誠與擔任過中華職棒播報組組長的梁功斌一起主持的 Podcast 節目，便以臺北市立棒球場命名。

▌臺北市立棒球場改建大事記

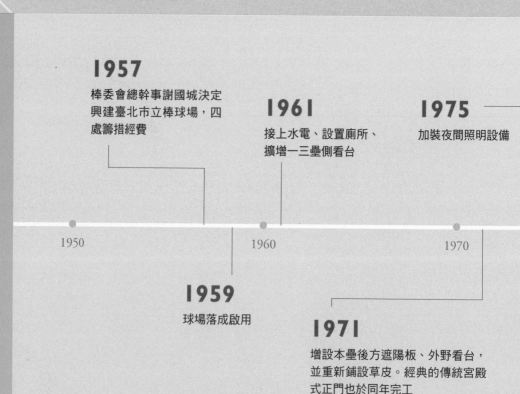

1957
棒委會總幹事謝國城決定興建臺北市立棒球場，四處籌措經費

1961
接上水電、設置廁所、擴增一三壘側看台

1975
加裝夜間照明設備

1950

1960

1970

1959
球場落成啟用

1971
增設本壘後方遮陽板、外野看台，並重新鋪設草皮。經典的傳統宮殿式正門也於同年完工

1981

改善場地、更新看台、加裝相
關人員工作室和貴賓室的冷
氣。但施工品質不佳，造成球
場的排水和漏水等問題

1998

隨著新莊棒球場完工、臺北市巨蛋
決定好位置，臺北市立棒球場確定
拆除，將成為室內體育館的預定地

1990

再度整修球場，包含記分板在內

1980   1990   2000

1993

道奇隊球團來臺勘查，提出諸
多改善建議；道奇隊離臺後，
整頓廁所惡臭問題，並重新鋪
設內野座位

2001

臺北市立棒球場的宮
殿式正門回歸塵土

2000

11月22日到26日舉辦「20世紀臺北棒球場回
顧紀念賽」；11月28日將紅土與草皮轉移到天
母棒球場和臺北體育場；12月中開始拆除作業

Baseball

球場養護
如何影響球員的場上表現

維護好一座球場的狀態與設備，除了讓進場的球迷能舒適地享受看球的樂趣之外，最重要的是保護選手的安全。如果場上的選手能相信場地的安全性，才可以全心全意投入賽事，不需要顧慮場地可能會帶來的傷害，在球迷面前拿出自己最好的表現。

看完臺北市立棒球場的歷史，可以了解臺灣棒球草創階段的艱辛，連球場都不斷在進行整修，才勉強算是一個合格的球場。而維護好一座球場的狀態與設備，除了讓進場的球迷能舒適地享受看球的樂趣之外，最重要的是保護選手的安全。如果場上的選手能相信場地的安全性，才可以全心全意投入賽事，不需要顧慮場地可能會帶來的傷害，在球迷面前拿出自己最好的表現。

　　球場的安全問題一直是亟需被重視的環節。若仔細去分析選手受傷的類別，我想也許會有一部分是能被歸類成「因場地不安全」所導致的傷害，而這類型的受傷其實是可以在落實球場設備養護的情況下，將風險和嚴重性降到最低。

投手丘與投手表現

　　以投手來說，投手丘的高度、是否平坦，都是會影響投手的狀況。一般而言，投手丘的高度約莫10英寸（25.4公分），假如投手丘的高度較高，投出的球會比較有威力，但為了比賽公平起見，像是美國職棒就會儘量讓

聯盟各球場投手丘高度一致。2007 年 9 月王建民對堪薩斯皇家隊的比賽中，雖然拿下勝投，但當時的捕手荷黑・波沙達（Jorge Posada）就發現王建民的比賽內容，安打與保送的球數偏多，結果是因為皇家隊主場的投手丘較平，王建民投球的跨步要比平常小才能將拿手的伸卡球控得低。而臺灣統一 7-11 獅的投手潘威倫曾提出投手丘如果太低平，那麼球路會容易偏高。樂天桃猿的投手陳禹勳也曾指出，投手丘太平很容易被打者擊出安打。事實上，臺灣每個球場的投手丘高度都不同，對投手來說，到了各個球場都要重新適應。另外，2023 年臺北大巨蛋落成，就被點出投手丘後方往二壘方向的坡度落差比較大，容易造成選手在比賽過程中踩空受傷。

不只是高度落差的問題，投手丘有沒有受到妥善整理也有差別。2015 年堪薩斯皇家隊的投手克里斯・楊（Chris Yong）在某一場作客洋基隊的比賽中，注意到了球場的投手丘並不平整，會對他的投球有很不利的影響，因此要求了相關的球場管理人員協助重新整理了投手丘。2018 年紐約洋基隊的投手桑尼・葛雷（Sonny Gray）在自家球場比賽時，也先清理了投手板上的塵土，因為他認為如果不把投手板上的塵土清乾淨，可能會讓自己滑倒，所以要好好整理來確保安全。

場地平整與野手的守備

　　對野手來說，場地如果有坑洞、不平整，球就會因為不夠平坦的地面而有不規則彈跳，讓守備的變數變多，提高受傷的機率，甚至還可能在守備的過程中因為坑洞而跌倒。曾在紐約洋基隊擔任三壘手的 A-Rod（Alex Rodriguez）有次接受 ESPN 採訪時，提到他每到一個球場比賽，賽前都會仔細看過內野的草地與紅土地，確認這些土地表面上的變化或特殊之處，就能利用場地的特色來找出他的防守優勢。至於我們都很熟悉的朗神鈴木一朗，在自律方面的要求大家都很清楚，可是他對於場地的專注細心程度也是不惶多讓。鈴木一朗也曾在接受《運動畫刊》（*Sports Illustrated*）採訪中透露，自己在賽前會仔細地觀察球場狀況、風向，這些都會是他在守備時調整站位的參考資訊。除了上面提到的 A-Rod、鈴木一朗，包含曾效力於舊金山巨人隊的貝瑞・邦茲（Barry Bonds）、匹茲堡海盜隊的安德魯・麥卡臣（Andrew McCutchen）等許多傑出的選手，在自身的訓練之外，都會特別注重場地細節，因為他們深知場地會影響自己的表現。一旦對場地有更多的掌握與了解，就更能在比賽中把握住優勢。

場地缺失對選手造成的重大傷害

　　場地的狀態不只會影響選手在場上的表現，更直接的是有缺失的場地可能會為選手帶來傷害。除了草皮和紅土的養護外，球場的圍欄、全壘打牆等等，都會是需要定期檢查維護的對象，因為這些都是會造成選手受傷的危險因子。

　　最經典案例是發生在 1977 年 4 月 29 日的日本川崎球場，那天是阪神虎對上大洋鯨（現為橫濱 DeNA 海灣之星），九局下半，阪神以 7：6 領先，阪神左外野選手佐野仙好奮力接住了大洋隊選手清水透所擊出的球，但因為跑的速度很快，他接到球後直接撞上了全壘打牆。在那個時候，全壘打牆與護欄並沒有鋪設軟墊等緩衝防護措施，還是水泥牆面，非常危險，所以撞擊當下佐野仙好已經是口吐著血沫、翻著白眼的狀態，嚇壞了現場許多人。救護車緊急將佐野仙好送醫，檢查發現他因為強烈撞擊導致頭骨骨折。還好這次衝撞沒有葬送了佐野仙好的選手生涯，他在當年度也回歸阪神。

　　類似的意外於 1981 年的 3 月 8 日也發生在前廣島鯉魚選手山崎隆造身上，那天他在熊本藤崎台球場接球時撞上水泥全壘打牆，撞擊後膝蓋已

經呈現麻痺狀態。後續送醫發現是右膝蓋複雜性骨折，經過手術治療和復健，花了好一段時間才重回球場。經歷過這些球員受傷的事件，日本職棒就規定了球場周邊的牆面、欄杆都應該要有防護措施，就是避免選手在比賽過程中因為這些危險設施的碰撞造成無法挽回的傷害。

另外，有一個美職選手因為場地受傷而提起訴訟的案例，也滿值得我們深思。前洋基外野手達斯汀‧福勒（Dustin Fowler）在 2017 年 6 月 29 日於芝加哥白襪隊主場保證率球場（Guaranteed Rate Field）比賽，那天福勒擔任先發外野手，一局下白襪隊的荷西‧阿布瑞尤（Jose Abreu）將球打向右外野，福勒全力奔跑想要接殺外野界外飛球時，撞上了一個位於欄桿和護牆之間的無護墊金屬電箱而跌倒受傷。福勒當下痛苦地走了幾步後就倒在地上，事後診斷發現是髕骨肌腱斷裂，需要接受手術治療。在一個月後，紐約洋基隊便將受傷不能上場的福勒交易給了奧克蘭運動家隊。儘管福勒後續恢復了健康，也重新回到賽場上，但受傷帶給選手的傷害影響至關重大，因此他便向白襪隊以及當地的體育設施管理局提出告訴。福勒提出的理由是認為白襪隊的球場對自己造成的重大傷害，讓他剛起步的職業生涯必須暫時中斷進行醫療與復健，這對選手來說相當辛苦，也減少了許多潛在收入。

　　事實上，因為場地不佳而受傷的選手，向相關場地的人員提出訴訟的案例少之又少。很多人可能認為受傷就是這個運動中的一部分，但因為場地疏失而導致的受傷是不應該發生的。因此，就這個案例中，白襪隊這個在欄杆與護牆之間的金屬變電箱，並沒有任何防衝撞的保護措施，而福勒當下顯然也沒有意識到那個地方會有個金屬變電箱，因為這是他第一次在這個球場進行比賽，在比賽過程中受了傷，福勒認為場地主人應該要為傷勢負責而提起訴訟，這個訴訟花了不少時間，纏訟已久後雙方以和解作收。

連草皮都有隱形危險？

　　寫到這裡，我在蒐集球場養護資料過程中發現，日職、美職針對人工草皮與天然草皮球場的安全性也有許多探討。其實過去人工草皮在技術還不是很成熟的情況下，的確很多選手認為這是造成他們受傷的原因之一。基於人工草皮在後續保養維護費用方面與天然草皮相比，有著便宜很多的優勢，所以過去日職很多球場都是採用人工草皮。

但許多選手都曾指出，人工草皮的地面較天然草皮來得硬、缺乏彈性，因此在人工草皮上進行運動，疲勞會累積在下肢，長期下來容易造成膝關節、腰椎較大的負擔，甚至造成拉傷；另外在人工草皮上面做出撲接、滑壘等等會與草皮大量摩擦的動作時，皮膚比天然草皮更容易感覺到灼熱、擦傷。例如札幌巨蛋就曾被許多日職選手指出草皮太薄了，在這裡比賽感覺容易失誤與疲勞。而美國對於人工草皮的質疑也不少，雖然在整體維護上能節省許多經費，但讓選手受傷頻率變高，特別在膝蓋方面的傷害更是提高許多，而人工草皮的材質容易蓄熱，日曬後草皮溫度甚至有可能高達六十度，對許多選手來說，這是人工草皮另外一種不利於訓練或是比賽的缺點。

2009 年 8 月 28 日傷癒回歸球場的日本讀賣巨人選手高橋由伸，僅一打席又因腰部受傷退場了，就有人討論是否因為球場的人工草皮讓高橋由伸不斷累積疲勞與傷勢，所以他才會頻頻受傷。前阪神虎的鳥谷敬因為大學四年在神宮球場（人工草皮）出賽，也曾說自己有感受到人工草皮對身體負擔大。

2014 年橫濱 DeNA 選手筒香嘉智在比賽中跟其他選手相撞，倒地後頭部與地面嚴重撞擊，導致他當下痛得無法起身，最後是救護車直接開進現

場，讓整個比賽中斷約莫十八分鐘之久。後來筒香嘉智證實是腦震盪與頸椎受傷，因此許多人質疑是否是人工草皮過硬，讓筒香嘉智的傷勢較為嚴重。不過，後來人工草皮的技術愈來愈進步，甚至改良後的觸感幾乎接近天然草皮，對運動選手的負擔也減輕許多。以東京巨蛋來說，2019 年斥資三億日幣引進的超級人工草皮，據說閉著眼睛在上面走，會自然到以為是天然草皮。

　　我想人工草皮與天然草皮的優缺點，短時間內還是會有不少人去比較與討論，但其實不管是人工草皮或是天然草皮，即便是一開始都花了巨資鋪設，後續如果沒有好好地進行維護，依然會影響到選手的表現，甚至導致受傷。

　　看完國際間一些球場養護與球員受傷的例子之後，讓我們回頭來看看臺灣自己的球場又是如何呢？

臺灣詬病已久的場地問題

　　我想臺灣的場地不夠好，似乎不是新聞了，許多選手過去都曾因為場

地的不平整，造成棒球的不規則彈跳，導致手指受傷或是其他部位被球打傷。以前來臺交流的教士隊就因為臺灣的場地不夠安全，於是教練就告訴選手不用太認真打球，避免受傷。2019 臺日爭霸戰的第二場比賽，樂天金鷲的田中和基為了處理梁家榮深遠的飛球時，就在外野紅土與草皮交界處，疑似場地不平整導致腳扭到，結果倒地不起，最後由擔架抬出球場送醫。田中和基回到日本檢查，雖然沒有傷到骨頭，但也辭退了後續日本武士隊與墨西哥代表隊的交流賽賽事。

　　至於前面提到選手衝撞全壘打牆導致受傷的情況，在臺灣更是不勝枚舉。2015 年韓國職棒 LG 雙子隊二軍到臺灣春訓，當時借用了嘉義縣棒球場作為春訓球場，可是嘉義球場的全壘打牆僅是將保麗龍塗色來充當防護墊。沒想到才進行春訓第三天，就有選手因為衝撞全壘打牆導致右手腕關節骨裂，當下春訓直接報銷，讓韓國球隊相當錯愕。2019 年 4 月 28 日統一獅選手林勝傑（後改名為林煜翰）在桃園國際棒球場出賽，第五局下為了接殺朱育賢擊出的深遠飛球，整個人煞車不住撞上了全壘打牆。儘管林勝傑倒地後奮力將球傳給三壘，但也痛苦到無法起身，後來當場被擔架抬上救護車送醫。當時就有人曾指出球場的全壘打防護墊可能有過軟造成防

護力不夠的問題。

　　整建多年的新竹棒球場在 2022 年 7 月重新啟用，並進行了職棒的比賽，沒想到短短兩天的賽事就讓至少三位球員因場地維護不佳的關係受傷。當時的味全龍總教練葉君璋便點出了新竹球場的紅土較為鬆軟、顆粒較粗。一般而言，鬆軟的紅土在跑壘的過程中，會提高受傷風險，而鬆軟的紅土加上較粗的顆粒，則會讓球容易形成不規則彈跳，增加了守備的困難，當然也有受傷的可能。

　　味全龍的張祐銘選手，即使在賽前練習已經有注意到這場地的土地較為鬆軟，但比賽進行中為了搶進壘包，在跑壘過程中一個沒注意就摔倒受傷；味全劉基鴻選手因為處理棒球擊出去後的不規則彈跳而傷到手指；不過，最嚴重的就是富邦悍將外野手林哲瑄在飛撲接球時，落地撞到場上的小石頭，造成左肩關節唇破裂。這個嚴重的傷勢不僅需要開刀治療，整個球季確定必須要復健無法出賽外，後來林哲瑄接受媒體採訪時曾表示很害怕選手生涯也因此報銷了。

　　林哲瑄因為飛撲接球而受傷，導致當年度球季無法再出賽，當時許多人都有出來呼籲重視球場安全之外，如果選手或是所屬球團提出告訴呢？

在臺灣似乎還沒有像美國洋基隊的福勒選手那樣，因為場地問題受傷影響職業生涯，而對相關人員提告的案例。事情發生之後，林哲瑄就在自己的臉書粉絲專頁跟球迷分享：「回想起先前在美國打拼的日子，球場都不會是球員需要擔心的問題，所以可以毫無保留在場上拚戰，發揮出自己最好的一面。」林哲瑄難掩沮喪與難過的情緒，強調球場安全真的很重要，指出場上的選手實在相當弱勢，並擔憂自己無法再回到球場上，過去的努力就會化為烏有。

2022 年底，中華職棒聯盟的領隊會議便提到將會制定「球場檢測標準辦法」，也就是要去區分全臺灣棒球場的場地等級，制定明確的條文與表格，讓相關人員可以根據這些檢測標準來檢驗球場是否適合進行比賽，不過至今仍然沒有公告任何標準辦法。當然要在等級不同的球場中制訂可以依循的標準，本來就不是一件容易的事情，但我想最基本的問題要回歸到：「是否會造成選手受傷？」那麼至少在基本的安全上都應該要符合要求，才能讓選手能夠毫無掛念地在場上比賽。試想，今天如果在場上需要時時注意「是否安全」，那麼選手應該也很難全心全力投入到賽事裡面。

選手受傷不僅僅是個人運動生涯會因此暫停外，對球隊也是種戰力的

◆ 2017 年 7 月 8 日，中職球員工會抗議花蓮為 C 級球場卻辦理明星賽，有安全疑慮，因此選手貼上「這樣太危險」貼紙以示抗議，圖為統一 7-11 獅球員蘇智傑／聯合報系攝影中心，記者余承翰。

損失。由此可知場地養護如果不好，這影響的層面是從個人到整個球隊這麼大，可以說是必須要很謹慎跟細心處理的。我想所有的選手都很清楚，棒球本身就不是一個安全的運動，但我們更希望場地影響的因素可以降到最低，畢竟提供一個安全的場地本來就是一個賽事最基本的要求。

Baseball

美國球場的
養護規劃與制定

棒球在美國發展許久，棒球的規則也是由美國開始制定，加上每年創造出的市場價值也相當的驚人，因此目前世界各地棒球場的建造與養護，都會遵循著美國職棒大聯盟所制定的相關規範或建議。

由於棒球在美國發展許久，棒球的規則也是由美國開始制定，加上每年創造出的市場價值相當驚人，根據 2023 年媒體報導，光是紐約洋基隊的市值就已經超過七十億美元，因此目前世界各地棒球場的建造與養護，都會遵循著美國職棒大聯盟所制定的相關規範或建議。

▌規劃棒球場須評估的問題

　　美國職棒大聯盟的球場和場地顧問莫瑞・庫克在場地養護是相當知名的專業人士，臺灣在 2023 年舉辦世界棒球經典賽 A 組分組賽時，主辦單位也曾多次邀請庫克到臺灣球場進行場勘並提出改善建議。庫克曾在 2011 年與大聯盟相關專業人員共同編寫了棒球場開發、建造及養護的指南，我認為雖然這份資料不是一體適用的標準，畢竟還是得考量每個國家不同地區的各種自然與人文的條件，還有法律方面的規範，但指南中提到的項目我覺得其實是可以提供一個規劃球場的初步思考方向。因此，我從這份指南整理出覺得適用的資訊，下列用表格方式讓大家能夠方便檢核，並且透過這些問題點去做更深入的評估。

項目	思考評估點
地理位置	位於該城市哪個位置？擁有哪些土地？
	球場周遭是否有擴張、開發的機會？
	球場的方位？（留意球場西曬方向）
	該地區的地形？
	該地區的自然排水狀況？
	該地區的天氣形態？（雨季？是否有洪水？）
交通與住宿	球員與其他公眾的便利性？
	停車的規劃？
	公車、巴士、火車等大眾運輸的時刻表與路線
	鄰近的飯店？（如果是可辦國際賽的場地，附近的住宿是否符合相關國際賽的需求）
場地用途	預計場地會舉辦哪些類型的賽事？（年齡？或分類？）
	球場使用頻率？
	是否為多用途球場？
	球場的建築類別屬於使用頻率高的多功能型？

項目	思考評估點
場地設備	是否符合無障礙環境？
	現場的照明設備與照明級別？
	現場設施是否能使用於高強度比賽？
	是否設有球員休息區、護欄、中外野反光布幕牆面？
	該地區土壤是否完成鑽孔、土壤評估作業？
	場地所需整地工程安排與土壤填充量？
	草皮狀況？採用天然草皮或人工草皮？
	球場送貨設施規劃？
	是否確保球員和觀眾的安全？
	公用水、電、汙水處理等等是否足夠？
	機具停放、行人通道等是否都有規劃？
開發與維護	由誰進行開發？設計？整個團隊的建置為何？
	開發的成本？
	工程的安排？
	後續維護的事項與成本？

興建球場的實際案例

　　我在搜尋資料時找到一份威奇托（Wichita）這個城市在評估德拉諾社區（Delano）的勞倫斯－杜蒙特體育場（Lawrence–Dumont Stadium）的建議方向。勞倫斯－杜蒙特體育場曾是小聯盟球隊威奇托牛仔（Wichita Wranglers）的主場球場，整個城市與球場的歷史都相當悠久。而在 2018 年市政府決定拆除勞倫斯－杜蒙特體育場，重新蓋一個新的體育場，並規定新的體育場除了必須符合能進行小聯盟賽事的球場標準、吸引棒球隊落腳新球場之外，還要能夠與當地的河岸娛樂特色結合，並興建相關的棒球博物館。威奇托市市長曾表示：「為何不擁抱河流呢？」因為威奇托這個城市位在阿肯色河畔，河流與城市的關係相當緊密。市長認為棒球比賽是很能吸引

莫瑞・庫克

庫克是知名的球場設計、管理專家，撰寫了多本運動場設計、維護和施工的指南，也曾多次到臺灣進行棒球場的場地勘查並提供專業建議。

人們關注的運動賽事之一，若能跟當地的娛樂規劃結合，透過這樣的指標性設施（棒球場）就能振興當地的觀光，提升新體育場與周邊地區的發展潛力。因為喜歡運動、喜歡棒球的人會到球場觀賞比賽，就可能會到周邊的酒吧和餐廳消費，這不僅帶來工作機會，也會帶動周邊娛樂的效益。其實這樣的思維方向，便是針對上表中的「地理位置」以及「場地用途」去做了通盤的考量，除了符合小聯盟比賽標準的場地規範，也整合了球場地理位置與當地的人文特色。

球場養護計畫的七大評估準則

　　球場興建完成後，後續要面臨的當然會是球場管理、營運、場地的維護等等，這些都是需要大量的人力、物力、財力，所以編制養護的計畫就變得相當重要。根據美國職棒大聯盟以及美國職棒大聯盟球員工會聯合成立的棒球未來基金會（Baseball Tomorrow Fund）所出版的《棒球場地養護：適用各級球場的通用指南》（*Baseball Field Maintenance － A General Guide for Fields of All Levels*），便明確指出在安排球場養護工作時，要從整體規劃、

人員配置、預算編排等方面來考慮，並且可以參考以下幾個項目：

▋ 評估球場適合人工草皮或是天然草皮？

　　評估球場使用哪一種草皮，其實跟接下來要思考的重點也都息息相關，包括天氣、預算、使用頻率、人員配置等等。過去我們對人工草皮有著誤解，認為有價位高、傷膝蓋等缺點，但人工草皮的技術已經發展數十年，且廣泛被許多球場所使用。如果球場使用頻率高（草皮休息時間短）、養護人員配置低、年度維護預算不高，也許使用人工草皮會是一個比較適合的選項。

▋ 該球場的使用頻率？

　　球場的主要用途？主要使用者？多久使用一次？每天？每週？在制訂計畫時要清楚球場的使用頻率，從頻率中來規劃養護的人員與次數，這也牽涉到了人力與預算的編排。因此能夠掌握球場的使用狀況，才能規劃足夠的養護人力，並且配合球場使用時間來安排相關養護工作排程。特別是草皮的養護，若要在賽事開打時能有準備好的草皮，勢必要提早拉出時間

表來確認相關的種植、養護工程。

▎該球場未來是否會舉辦大型或是國際賽事？

　　球場如果在規劃之初就有預備將會舉辦大型、國際賽事，則相關的球場內設施都應該符合對應的標準。例如 2023 年在臺灣舉辦的世界棒球經典賽 A 組分組賽，臺中洲際棒球場為了能符合比賽的相關規定，在開賽前才進行了場內設施的修繕、草皮及排水的改善工程等等。假如一開始就有設定好球場的比賽規格，就不需要臨時做額外的補強。此外，球場建造完成之後，也會要提早確認大型或是國際賽事的時間，才能進行更精準、符合需求的養護時間安排。

▎哪個單位、哪個組織負責現場維護？

　　一組專責、專業的養護團隊是很重要的，團隊必須設定整年度的養護工作，在每場賽事前都能準備好場地，並在球場沒有使用的期間進行基礎的保養照顧。

相關的年度預算以及經費來源？

確定好整年度的預算、經費來源後，才能根據預算的金額進行相關的編排，讓整年度的維護工作不致於因為缺乏預算而中斷。

預算編列

整個預算的編列要考慮前述的人力編排、球場養護等各種需求。例如需要評估球場的使用頻率、是否有要舉辦大型或國際賽事？以及球場有哪些養護細節需要注意，好比照明、排水、草皮、轉播設備等等。

人員編制

基本上進行球場養護的人都應該是全職的工作人員，且具有相關的專業知識與經驗。但如果是一般簡易球場的養護，也許會比較重視是否有足夠的人員或是志工能進行養護作業。另外，相關的人員都應該要有一份場地維護、檢測的清單，好讓他們在養護方面有所依據。這份清單也要提供給使用場地的人員，包含球隊、教練、球員等。

球場實際建設與養護的評估

　　在進行這本書的資料蒐集時，我的工作團隊曾透過線上的一個訪問機會，簡單採訪了美國田納西州日耳曼敦（Germantown）負責城市公園和活動休閒場地管理的副主任迦勒 · 馬康（Caleb Marcum），團隊同仁跟他請教了有關城市球場的建設評估和養護的規劃安排。以 2023 年日耳曼敦這個城市來說，大概有四萬個居民，總共設立了三十一處公園，裡面含有二十九處運動場地，提供給不同類型的運動來使用。這些場地包含二十五處天然草皮的運動場，以及四處人工草皮運動場。

　　為什麼同樣是公園的運動場地，卻有天然草皮與人工草皮的分別呢？副主任點出了重點：「使用率！」如果這個場地的使用率高，無法提供天然草皮一個足夠休養生息的養護時間，就會以人工草皮作為優先考量。而另一個考量重點也是在於人力與養護經費的配置上，馬康直言，一個人也許就能同時負責四個人工草皮場地的基本維護，但如果採用天然草皮，負責養護的人就必須是「一組人」了。因此，場地的使用頻率就會成為一個很重要的評估指標，會大大改變整體在時間、人力配置和預算規劃上的方向。

　　以一個地方型的運動場所來説，日耳曼敦在興建這些運動場的平均成本，天然草皮一個場地大約是五十萬美元，如果是人工草皮則是二十五萬美元左右。全部二十九個運動場地的養護工程預算，一年大概會編列十七萬五千美元的經費，其實費用上也算是滿吃緊了。

　　日耳曼敦市府每年妥善安排這些公園與運動場地的營運、管理以及養護，其中例行性的割草會外包給廠商進行，其他的則由市府員工完成。市府在整個人員編制上，共有十五位公務員負責這些場地的管理，這些人基本上都必須取得商用駕駛執照（Commercial Driver's License, CDL），並且完成市府內部安排的運動場與公園管理培訓課程。

　　副主任馬康進一步表示，他們手邊一定會有整個公園、運動場地的維護計畫，這是進行每日、每周、每月以及每年的工作指南。因為有了計畫才可以明確地訂出工作目標並進行檢核，讓養護的工作按照計畫持續運作，場地自然就能一直都能保持在很好的狀態。而馬康説他現階段的挑戰其實是在於需要更多的經費與人員的編列，才有辦法將目前負責管理的公園和運動場做更好的營運與養護。而且即便市府員工做過了相關的內部訓練，他還是希望能將更專業的領域外包給廠商來處理。

透過馬康提供給我們的資訊，可以很清楚知道「制訂養護計畫」的重要性，透過養護計畫、人力編配、場地使用率的檢核，以及每個負責執行的工作人都必須完成相關課程的內部訓練，才能讓場地可以在適當的時間休養生息、資源有效率運作，維持運動場的良好狀態。日耳曼敦甚至還開了草皮養護的實體講座，讓有興趣的市民可以參加，畢竟在美國很多人的院子都有草皮，這樣的基礎知識的確是很多人都會需要的哪！

球場養護檢測清單

　　最後，我根據棒球未來基金會所建議的養護檢測清單，整理出表格，分為每日（練習前、練習後、比賽日）、年度（春、秋、冬）等大方向的檢核標準，讓相關工作人員可以作為基礎的參照點。

█ 每日球場養護檢測清單項目

練習前的例行檢測作業項目
取下防水布
對紅土土壤區與壘包線土壤區進行澆水作業
安裝壘包
設置投手丘、一壘區、二壘區的打擊練習護網裝備
設置本壘區打擊練習護網

練習後的例行檢測作業項目
移除壘包，並將覆蓋壘包設備插入基座孔
對紅土土壤區與壘包線土壤區進行土壤平整拖曳作業
復原投手丘與本壘板附近有使用過的區域，並覆蓋防水布
復原牛棚區投手丘與本壘板有使用過的區域
對草皮區域中有鬆動狀況的草皮部分進行替換或壓填作業
清潔球場內外垃圾

比賽日的例行檢測作業項目
移開防水布
如草過長，便需要進行割草
用釘子輕刮紅土土壤區域
拖曳平整紅土土壤區域
內野土壤區域澆水作業
清理球員休息區
對場內標線進行最後畫線確認
在投手丘放置打擊練習餵球投手使用的投手墊
在本壘、一壘與二壘區域放置對應護網設備
清洗或漆白壘包、投手板與本壘板
準備牛棚區對應作業
在全壘打界內外標竿放置對應指標旗幟（依球場需求）
檢查球場照明設備
檢查球場計分板設備
檢查記者席與廣播席
檢查周邊商品與食物單位相關電力設備
檢查並清潔球員休息室與裁判休息室
清潔球場周遭與觀眾席垃圾

年度球場養護檢測清單項目

　　這個部分僅列出重點項目，其中詳細的時間和人員規劃須根據每個球場的需求做各別的安排，例如球場的土壤和草地，就要評估球場的地理環境、氣候條件來因地制宜。

春季例行檢測作業項目
對土壤與結構組織進行檢測
對場地進行通／曝氣作業
對場地進行活化作業
對場地進行施肥作業
使用相對應前置除草劑
清潔、油漆與修整球員休息區、圍籬、觀眾席區域與球場相關標示

秋季例行檢測作業項目
檢測土壤與結構組織
對場地進行通／曝氣作業
對草皮進行脫粒或垂直修整作業
對球場進行大量種子施放與活化作業
對球場進行施肥作業
使用相對應後置除草劑
每隔一年新增石灰石粉
依需求進行相關球場整修或翻新作業計畫

冬季例行檢測作業項目
檢視球場場地養護作業與預算
檢視球場場地預訂使用時程
清潔、修整、翻新球場養護相關設備裝置
安排明年秋季期間球場需要進行的相關翻新與整修計畫行程

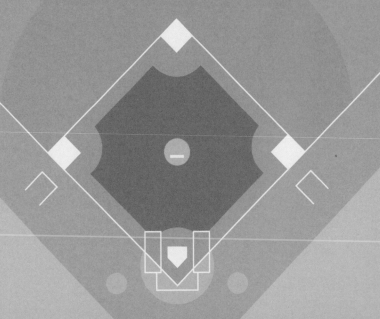

Baseball

日本球場的興建與養護

日本球場養護專家金澤健兒指出，球場內的土壤、草皮都需要好好照顧與培育，因為草和土都是「生物」、都是活的；球場是活的，所以需要養護，才能讓土與水都維持在最適當的狀態之下，給予選手「排水好、保水好、彈性好」的三拍子好球場。

上一章我們提到了美國在興建運動場初步評估的指標，以及後續養護計畫的制定。這一章就來跟大家聊聊日本在興建球場以及制訂養護計畫時的流程。我先以 2019 年岩手縣盛岡南公園棒球場的改建案（《盛岡南公園野球場整備事業整備基本計畫》）來向大家說明。

前述庫克與美國職棒相關人員共同編寫的球場開發建造指南中的幾個評估大方向：地理位置、交通與住宿、場地用途、場地設備、開發與維護，拿來對比盛岡南公園棒球場重新整建的規劃，就能發現其實大致吻合這份指南點出的方向。

盛岡棒球場的興建評估

岩手縣的縣立棒球場在 1971 年興建，當時是岩手縣的代表球場，重要的正式比賽都會在這個場地舉辦。話雖如此，當時岩手縣的球場並不符合官方棒球場的規範，因此在 1981 年跟 1993 年都進行過翻修的工程，讓球場能更符合標準，用來舉行大型賽事。不過，球場歷經多年下來設備都已經老舊，無法負擔更多的賽事。於是岩手縣的盛岡市在 2013 年提出了《盛

岡市體育振興計畫》，預計在盛岡南公園開發新的棒球場，同時廢棄現有的球場。

　　考量當地的氣候條件（包含了下雪的天氣），盛岡市一開始便計畫運動場地將以人工草皮為主，其他運動設施也儘量以室內來規劃設計。從盛岡市計畫相關的表單中，可以看到包含了地質調查資料、雨水排水的平面與縱向圖等許多圖表，這些都符合庫克等人所提出的指南中第一大項「地理位置」裡面提到的地形、排水等狀況的調查。

　　在地點的選擇上，盛岡南公園棒球場距離 JR 岩手飯岡車站約八百公尺左右，在計畫提出當時，球場附近已經有規劃設立新的車站，並預告了通車日期。此外，棒球場距離高速公路不會太遠，附近也有巴士站，整體的交通環境還算是相當便利。由於這個棒球場預計至少可以容納兩萬人，因此交通的動線、巴士站位置、停車場的安排，都在前期興建計畫中便列入評估。

　　除了舉辦體育賽事、提供居民一個遊憩場所這些的用途外，這個計畫還將「防災」功能納入其中。這是因為岩手縣是 2011 年日本東北大地震中災情較為嚴重的區域之一，所以便希望萬一發生危急狀況，球場就能作為緊急避難所、救災物資儲備基地，為此還設有防災調節池，換言之在興建計畫中

定義了這個運動場是屬於多功能性的場域。

在整個場地設備的規劃上，明確採納了 2018 年日本職棒所規範的設施標準，代表盛岡市的目標是蓋一個能舉辦職棒球賽的標準場地，內野就有一萬兩千個座位，含外野的話全場可容納兩萬人。球場旁另外設有室內練習場，提供足夠的內野守備訓練的練習空間。而在《盛岡南公園野球場整備事業整備基本計畫》中，也提到了球場內必須要有充足的設備，包含了球員休息室、牛棚區、更衣室、監督辦公室、裁判室、訓練室、室內練習室（包含投球與打擊）、可用餐的空間、管理營運辦公室、攝影區、轉播室、記者席等等，同時也明訂了球場照明設備須達到的標準，以及各種工作區域需要的最小空間。

至於室內練習區的空間則以多元方式設計運用，除了提供棒球練習外，也能變成兩個標準五人制足球場來供作訓練或是比賽。比較特別的是這個空間特別安排了兩個大型卡車出入口，這也是為了因應未來可能遇到的大型災難，到時候就可以成為救災物資的集中和分配中心。

《盛岡南公園野球場整備事業整備基本計畫》同樣提到了整個場域開發、維護相關的團隊及資金來源。因為資金的考量以及後續整個營運的方

針，除了提升當地居民參與各項體育賽事的意願外，更希望透過這個體育
場來增加當地的收入，包含了場地的租借、比賽等等。資金上是以岩手縣
和盛岡市各出一半經費的概念來分攤，經費的來源也同時考慮了是否運用
民間財務主導公共建設（Private Finance Initiative，PFI）相關的法令來與民
間企業合作。

　　從盛岡南公園棒球場的整體規劃，可以發現整個計畫通盤考慮了場地
的地理位置、交通、場地用途與整個計畫要達成的目標、場地的設備，以
及後續開發維護的經費來源與相關單位。這中間也做了地質和排水分析等
各式各樣的調查，可以說是提供我們未來開發相關場域的借鏡。接著，我
們透過日本最知名的球場養護專家——阪神園藝，來看看日本在球場養護
方面到底有什麼祕訣！

阪神園藝的球場養護

　　如果提到球場或草皮的養護，資深球迷一定會跟你說起阪神園藝這家
公司，幾乎成為是想要了解球場（草皮）養護一定會討論到的範例。

有媒體曾經報導，2019 年時任富邦一軍捕手教練的古久保健二，看著下雨天忙著吸水、補土、舀水的工作人員，就為了讓場地儘快回復能比賽的狀態，覺得相當辛苦，有感而發地跟媒體提到日本最好的球場（指的是天然草皮球場方面）是阪神甲子園球場，而仙台樂天生命球場的整體狀況也相當不錯，因為這兩個球場都是阪神園藝公司負責養護的。

　　阪神園藝是阪神集團旗下子公司，在場地養護的領域有著高度的知名度，被誇讚是有「效率」、「技術」的專業團隊。這間公司的訴求是在短時間內迅速地整理好球場，讓比賽能順利進行。因此對許多日本球迷來說，到甲子園球場除了看比賽之外，在中場休息時間能一起欣賞阪神園藝的團隊以相當確實且迅速的動作整理好球場，可以說是另一種買票進場的福利，甚至是棒球賽事本身之外，另一個要進場觀看的重點活動之一。

　　由於甲子園球場可以說是相當忙碌、使用率相當高的場地，除了日本職棒的例行賽事之外，還要舉辦春季甲子園和夏季甲子園等比賽。為了讓甲子園棒球場的土壤與草地狀態能維持一整個完整賽季，阪神園藝必須要確實知道各個單位使用球場的時間，並根據球場使用的狀況，以及氣候、經費的綜合考量來安排整年度的養護行程。阪神園藝光是在事前的準備就

至少要花三個月的時間，而過去阪神虎的春訓甚至會在 1、2 月期間使用甲子園球場，這對於棒球場養護是一個極大的考驗與挑戰，因為勢必會壓縮到養護球場的時間。現在阪神虎的春訓已經移到其他地區進行，給予了阪神園藝團隊有更完整的時間來好好整理球場

球場是活的！

在阪神園藝公司裡有一位靈魂人物，那就是目前擔任甲子園設施所所長的金澤健兒先生。金澤健兒投入球場養護接近三十個年頭，他的母親曾在甲子園棒球場工作，他自己也從高中時期便在甲子園球場打工，因此本來就對球場本來就相當熟悉了。高中畢業後，本來在其他領域擔任銷售員的金澤健兒，轉職進入了阪神工程，並在神戶棒球場擔任多年管理員，2003 年開始晉升為首席管理員，接著成為了甲子園設施所的所長。就在金澤健兒的努力下，讓甲子園棒球場成為許多球員心中排名第一的球場，讚譽為「全日本不規則彈跳最少的球場」。

金澤健兒在他的著作《阪神園藝　甲子園的神整備》中便指出：「球

場是活的！」他口中所謂活的球場，在於球場內的土壤、草皮都需要好好照顧與培育，因為草和土都是「生物」、都是活的；球場是活的，所以需要養護，才能讓土與水都維持在最適當的狀態之下，給予選手「排水好、保水好、彈性好」的三拍子好球場。

土壤養護的祕訣

很多人都知道甲子園的黑土相當有特色，甚至都知道在這個球場比賽的高中生之間有著一個傳統，那就是在比賽結束後，被淘汰出局的球隊可以挖起一把黑土當作自己的紀念品。因此，每次觀賞甲子園的比賽畫面，總是能看到最後有許多選手一邊掉眼淚一邊挖土的畫面。但是，你知道甲子園的黑土從落成後至今都沒有整批換過嗎？阪神園藝每年會做的事情是徹底去翻土、補土。對阪神園藝來說，土是很貴的物品，如果為了維持土壤最好狀態，需要整批土挖掉重鋪，當然是一個可以考慮執行的選項，但這相當消耗預算，支出太過龐大。如果用翻土、補土就能處理好土跟砂的比例，這不僅更有效率，也能更節省經費，的確就不需要大費周章將球場

全部的土給挖除。

　　阪神園藝早在每年年初的 1 到 2 月，就會把握時間趁著球場還未迎來球季開始之前，進行年度的翻土作業，這個工程將會決定甲子園棒球場一整年的狀況。以球場的土壤深度至少 30 公分來看，這樣翻土的深度至少要達到 25 公分深，才能將下層已經變硬的黑土與上層的砂重新翻過混和，同時接觸空氣，讓黑土和砂子的混合比例達到比較適當的狀態。

連「水」都要精打細算

　　翻土後的土壤會變得比較蓬鬆，但過軟、過於蓬鬆的球場是無法進行比賽，因此就必須要開始壓實。想要讓土壤變得堅固一點，靠的其實是「水」。而阪神園藝為了能達到「節省經費」與「均衡的保水度」，利用了當地 1、2 月的降雨來完成這一階段的養護工程。多數棒球迷以為會大大影響場地、影響比賽的「雨」，在阪神園藝的工作規劃中，居然是球場養護的成敗關鍵。阪神園藝會等待降雨集中後，土壤水分開始蒸發的時候，依據他們記錄的降雨量與蒸發量，並利用「腳踩」的實際觸感來評估整理壓實土

壤的時機點，在「有點濕，又不會太濕」的平衡狀態下進行作業。

　　至於為何不直接利用自來水的灌澆噴灑來提供土壤水分，必須等待雨水呢？這是因為精打細算的阪神園藝認為大量耗費自來水的灌灑也是一筆不低的成本，畢竟球場需要的水分其實很多。但更重要的是，降雨能更平均地提供場地水分，因為自來水噴灑的水珠大小是否均勻？飛濺方向是否一致？這些因素不但跟水壓有關係，也跟操作噴灑作業的人有關，影響的層面太多了。但這些癥結透過大自然的降雨都能迎刃而解，讓後續壓實養護的工作可以更加順利。經過這兩三個月耐心翻土、等待降雨、壓實土壤的扎實養護，可以讓甲子園球場像是已經保養好的臉部肌膚一般，水嫩不乾荒，準備好迎接一整年的主場賽季。

球季間的固定養護作業

　　在 4 月正式進入賽季後，甲子園球場能養護的時間就被壓縮了許多，但主要的翻土、涵養水分的工作，早在前幾個月已經完成，因此接下來的養護重點就是要保持場地的良好狀態。以下為甲子園球場就從每年 4 月開始排定到隔年 3 月的草皮管理資訊（引用自〈甲子園球場の芝草管理〉一文）：

工種	種類	4月	5月	6月	7月	8月	9月	10月	11月	12月	1月	2月	3月	合計
施肥	液態肥料	2	3	2	3	4	3	3	2	2	1	2	3	30
	粉狀雞糞				1	2								3
	化肥				1	1								2
噴灑	殺菌劑	1	1	1	1	1	1	1	1	1	1	1	1	12
	殺蟲劑		1	1	1	1	1							5
除草	人工除草	隨時（每個月二到三次左右）												
噴灑砂土	全面噴灑				1	1								2
	部分噴灑		1	1	3	3	1							9
曝氣	垂直		3	2	1		2							8
	強化		1	2										3
貼換草皮	鋪草皮						1							1
交播	黑麥草						1							1
割草		8	10	10	10	10	8	6	3	2	1	2	5	75
灌水		2	2	6	9	10	6	5	2	2			1	45

（表中數字代表執行次數）

從表中可以知道有些作業是每個月都要進行，不能馬虎，包含草皮的施肥、噴灑藥劑、除草和割草。特別是割草，應該是每年最為繁重的工作，草皮生長旺盛的時候，光是一個月要進行十次割草的作業，等於是平均每三天就得割一次草。

　　其餘的工作大多集中在夏天，例如這個季節的草皮比較容易受傷，所以要噴灑砂土來保護繁殖期的草皮有更好的生長。而且球場在這個時間點已經舉辦過多場賽事（包含甲子園大賽），草皮可能有多處損傷，因此通常會在8月安排部分草皮的貼換作業。使用割草機割除受損的部分後，重新鋪上修補用的草皮，同時進行整地、壓實、鋪砂等工作來修復場地。

　　另外，球場的土壤與草皮交界處，容易有土壤堆積造成交界處不平整，使得選手在比賽中容易受傷，因此也建議在草皮生長旺盛時期（甲子園是6到7月）移除草皮邊緣，進行修整的工作。還有比較特別的一點是，甲子園球場在9月中之後會進行黑麥草的播種，同時搭配殺蟲和殺菌藥劑的噴灑。不過，這個時間點最怕遇到颱風或大雨的攪局，往往讓灑下去的種子流失，影響後續草皮的生長狀況。

連走路都有堅持的職人精神

　　訂定了整個年度和每個月養護的基本大
方向後，最重要的就是每天勤奮不懈地維護球
場。特別是賽季期間的球場養護必須配合比
賽，有著分秒必爭、做到確實又迅速的要求。
而金澤健兒認為這正是阪神園藝團隊的價值，
例如要在賽後十五分鐘內完成整理投手丘的動
作，不僅要快、也得掌握時間，因為「如果慢
慢來，任何人都能辦到了。」因此「動作快」
變成是他最常提醒團隊的一句話。之所以要求
縮短作業時間並確實完成還有一個很重要的原
因，那就是不浪費體力，儘量讓休息時間變得
更長，如此一來當球場面臨突發性豪大雨時，
便有餘裕的體力來應對處理。

　　花了這麼多心血照顧的球場，專責球場養

黑麥草

黑麥草是適合低溫生長
的草種，在溫度開始變
低後播種黑麥草，可以
補足原本草皮上草比較
沒長好的地方。

護的工作人員，都會穿著比較不容易留下腳印的鞋子，留意自己走路重心，避免留下太多痕跡。走起路不拖腳跟、不踢腳尖是他們的基本要求。

看完了日本阪神園藝的養護秘訣，是不是覺得也在這上面看到了熟悉的職人精神呢？連走路方式都會細心留意，就可以知道日本人在養護這方面，從大事項到小細節都相當重視！

Baseball

球場的草皮建立與管理

對球場第一印象有很大的因素會取決於草皮，只是提到草，還真的不單單只有「草」這麼簡單。每個場地到底適合什麼樣的草皮，也是經過了長時間的經驗累積，不斷去改善與調整，才能找到最適合的草與土壤。

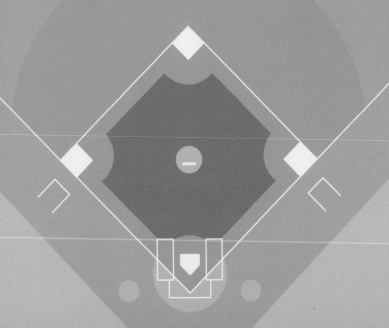

俗話説「魔鬼藏在細節裡」，要興建一座棒球場，以及後續的維護，都有許許多多評估考量與謹慎安排的計畫。不過，球場中有一個最為顯眼的元素，長久以來都是球迷關注的重點，那就是棒球場上的草皮。不管在現場或是透過轉播，看到美麗的草皮紋路，總會不禁有「這球場的草皮看起來真棒！」的想法；如果看到的是坑坑洞洞的草皮，總忍不住為場上奮戰的選手捏把冷汗：「這樣的草皮是可以的嗎？是安全的嗎？裡面是否有坑坑洞洞或是小石頭呢？」草皮評價的好壞幾乎就等於這座球場的優劣了，甚至可以説對球場第一印象有很大的因素會取決於草皮。特別是臺灣目前幾個球場仍然以天然草皮為主（天母棒球場是在 2020 年由天然草皮改為人工草皮），因此草皮場地的養護狀況依然是球迷們關注的焦點之一。只是提到草，還真的不單單只有「草」這麼簡單。每個場地到底適合什麼樣的草皮，也是經過了長時間的經驗累積，不斷去改善與調整，才找到最適合的草與土壤。

想找到適合的草皮沒那麼容易

　　以著名的日本甲子園球場來說，球場在 1924 年 8 月 1 日正式開幕，當時球場內並沒有草皮，相關的文獻中也並沒有特別提到甲子園球場從哪一年開始種植了草皮。但根據 1929 年全國夏季中等學校野球大會的報導中，已經能得知場內有草皮的存在。後來太平洋戰爭爆發，棒球運動被視為親美（敵國）的運動而遭到管制，所以當時的專門報導棒球的《野球界》雜誌封面都改成了相撲，甲子園球場則成為了物資集散地，不斷有車輛進出、軍人的軍靴踩踏，導致場地的狀況可以說相當糟糕，後續還遭受空襲，狀況不斷。戰爭結束後（也就是 1947 年），甲子園球場的管理員從鳥取縣調來草皮施工。不過當時使用的草皮，其根莖屬於匍匐莖，這一類的草種植在公園其實很適合，但如果是用在運動場地，很容易因為釘鞋勾到根莖而摔倒受傷。

　　因此，甲子園球場考量到了場上運動員的安全，在 1955 年就把草皮改成了「高麗芝（韓國草）」這個品種。雖然韓國草沒有匍匐莖的問題，但面臨到的另外一個困難是這品種的草太過脆弱。被釘鞋耙過、破壞後的草

難以恢復，不但在草皮的管理上讓人相當頭痛，光禿的草皮也威脅到球員的安全。畢竟好的草皮才會有足夠的厚度、良好的觸感，提供撞擊緩衝的安全保護作用。當時甲子園每年 11 月都會跟鳥取縣購買草皮重新鋪設，但隔年的春季甲子園大賽打完，草皮其實就會光禿禿的。這樣的循環一直到了 1982 年才終於有了突破。中間這將近三十年的時間，可以說對於草皮是一無所知，認為草就是這麼脆弱的哪！

　　甲子園球場於該年 9 月在阪神園藝的協助與指導下，開始種植百慕達草。這件事情還受到日本許多媒體爭相報導，因為過去這樣的技術已經在高爾夫球場上施行過，但是在甲子園是頭一遭，讓很多人期待隔年的春季甲子園大賽能有翠綠的草皮進行賽事。

怎樣才能鋪設最好的草皮？

　　當然，不管是從選手、場地營運方跟管理階層的角度，每個人看待草皮都會有不同的立場。以選手來說，因為需要在這草皮上比賽，會期待自己踩踏的是茂盛、有著天鵝絨般觸感、舒服又安全的草皮；從設施營運的

立場來看，草皮不僅僅只有提供棒球賽事，在賽事外還有供作其他活動使用的附加價值，同時也能提高場地滿意度；至於在球團管理維護的角度，則期待草皮種植的是回復力強的草種，且耐踩踏、防滑、常綠又美觀，視野望過去是美麗的綠色。其實，在運動場上草皮的是否美觀也是會影響球迷進場的意願與舒適度。

　　一般來說，傳統草皮施工的相關順序包含了：一、整地；二、選擇材料；三、地下排水；四、灌溉系統；五、選砂；六、選擇草皮；七、鋪設草皮。

　　在整地部分，首先要確認土壤是否適合被密集使用，基本上富含淤泥跟黏土的土地會在時常踩踏的過程中變得緊實，所以就不利於排水。多數的土地都必須先經過整地後，挖除不利排水的土壤，重新鋪上砂子。原則上砂質土壤至少要有 12-16 英寸（30.4-40.6 公分）的厚度，接著下面至少要有 4 英寸（10.1 公分）、粒子比較粗大的礫石層。至於排水管則要埋在礫石層底下，且周圍應該要被礫石包覆。另外，內野要以投手丘為中心向周圍傾斜，才有利於排水。如果球場採用的是天然草皮，那麼勢必要考慮到土壤是否能讓草長得強健，例如會建議要混合有機質提高肥力，並且檢

測酸鹼值（郭毓仁教授就指出酸鹼值最好介在 5.5 到 7.5 之間），這些都有助後續草皮鋪上後的種植與養護。之前世界棒球經典賽到臺灣辦比賽的時候，為了了解場地狀況並進行改善，也都會檢測土壤的酸鹼值，並攜帶儀器測量場地的坡度，這些細節都與草皮後續養護規劃與調整，以及草皮排水很有關係。

在材料的部分，砂土和礫石都應該選擇能快速排水的土材，並依序由下而上鋪上排水管與礫石、砂土。施工過程中都要避免重型機具等相關設備壓過排水管線。在安裝排水管線時可以透過雷射相關機器來定位和切割排水溝，以確保位置的正確性。在排水設施的選擇上，目前美國許多球場會採用普渡大學的丹尼爾博士（W. H. Daniel）發明的運動類草皮解決方案（Prescription Athletic turf，PAT）排水系統。

棒球場過去常常因為排水不佳，只要一下雨就會導致土壤泥濘影響賽事的進行。但如果有一個好的排水場地，在土壤變成泥濘之前便能靠著抽水泵、土壤特性與鋪設方式讓水順利排出，就可以縮短場地管理員後續整理的時間。因此，在降雨量較大、有豐沛地下水源的地區，可以採用 PAT 排水系統進行相關的鋪設。這系統特色在礫石層下會有一層塑膠布，整個

排水系統就在布面上，不僅加速排水，同時也將地下水層隔開，避免地下水回滲到表面，提高場地的可利用性，適合在多雨、潮濕的地區使用。鋪設時要特別注意防水層要設置在正確的位置，避免原先規劃的排水及防回滲功能沒有發揮效用，還變成了球場積水的元兇。另外，在嚴寒的場地也會鋪設加熱電纜，可以防止土壤受凍，相對延長了草的生長時間。當然，在規劃球場的時候也不能一昧排水，土與草是有生命的，足夠的水不但能讓草皮健康生長，也能保持砂土的水分。所以，在設計排水管線與排水系統時，也得規劃好能足夠貯水的空間，提供球場充足的灑水用水。

完成選材以及基本的鋪設後，接下來就剩下最後一個重點──挑選適合的草種。選擇的標準要以適應當地氣候為主，重視耐磨性且恢復期短的草。以臺灣目前的球場來說，多半會選擇百慕達草（只是草種的編號會有些許不同）。一般來說，與臺灣氣候條件差不多的國家（位於亞熱帶、多雨地區），通常也會選擇這類草來當作棒球場或運動場的草皮，因為百慕達草生育力強、對土壤適應力極好、耐磨且恢復力快。

如何讓草皮保持在最佳的狀態？

　　種植好草皮之後，就會有基本管理的需求，包含了剪草、灌溉、施肥、農害管理與特殊管理。當然，這些計畫還是要仰賴專業工作人員來執行，曾經營過多支大聯盟球隊的比爾 · 維克（Bill Veeck）就認為一個好的場地養護人員跟一位能打三百支安打的球員有同樣的價值，就可以知道他們對球場和球員來說有多重要。

▌剪草

　　剪草用的機器分為旋刀式跟滾刀式兩種，一般想在草皮上有著美麗的草紋，就會使用滾刀式的機器。而定期修剪草的長度，既可以維持球場的平整度，同時在視覺上也有整齊美觀的感受。草要留多少長度呢？這就會根據每個球場的草的特性去做調整，大概都會控制在 2 公分左右，根據球場養護人員表示，基本上只要不影響球的彈跳、是選手習慣且安全的，都是合理的長度範圍。例如臺中洲際棒球場的草，長度大概會抓在 2.8 公分左右。另外，通常球場使用頻率愈高，代表草皮被踩踏的次數愈多，平常

修剪草皮的次數相對就會比較少一點。至於球場的草皮到底多久要剪一次呢？這就得仰賴養護人員平常對於球場使用頻率、草皮生長速度的觀察紀錄，就能大概掌握到修剪草皮的週期了。

要留意的是，不管是用滾刀式或旋刀式的機器來剪草，都儘量在草皮不過度潮濕的情況下進行，才可以降低草皮感染疾病的風險。同時，剪草前也記得要將石頭等異物移除，不然萬一機器打到石塊而飛噴，就很容易造成工作人員受傷。當然，正常來說球場上本來就不允許出現小石塊，這會嚴重影響球員的安全。

▍灌溉

通常設備完善的球場，會將自動灑水系統埋在草皮裡，並能充分噴灑灌溉。理想的情況是這些自動灑水系統能涵蓋整個草皮的範圍，但如果有無法觸及的部分，就得用水管進行灑水。特別要留意的是水分必須充足，要維持一周至少有 1 英寸（2.54 公分）深度的水量，才能有至少 8 英寸（20.3 公分）的滲透度，因此水量的部分就得根據草皮面積的大小來計算。若球場當天傍晚有賽事要進行，球場灑水的時間理想應該是上午 10 點前完成，讓水有足

夠時間滲透到土壤層。專業的養護人員在灑水時也會留意風速，太強的風會造成灑水時的水量無法平均落在草地上。過去舊有的灑水系統可能會有靠近灑水器的水量少，遠離灑水器的水量較多等整體灑水不均勻的問題，但隨著科技的進步，目前已經有能噴灑均勻的灑水系統，可以讓灑水密度都相當勻稱。據悉目前洲際棒球場因為作為 2023 年世界經典賽分組賽的比賽場地，已經全面更換過灑水系統，能更有效率地完成球場灌溉灑水的工作。

▌施肥

　　草皮除了灑水外，也要定期施肥，就好像人需要補充養分，草皮也需要定期補充專屬的營養品，才可以讓它長得好看又翠綠。臺灣球場目前施肥頻率大概是一個月一次。施灑的肥料內會含有各種微量元素，其中以氮、鉀、磷是最重要的三元素，分別有不同的作用，例如氮肥是強化枝葉生長，是草株植物最重要的營養素；鉀肥是強健草的體質；磷肥是對草根生長很重要，所以可以根據不同的需求去挑選所需要的肥料。要留意的是，施肥也是過與不及都不好，如果氮肥過多，反而會讓草皮側莖生長過旺導致根系不良，容易讓草生病。

農害管理

農害管理主要會針對雜草、病害和蟲害來對症下藥。首先是雜草，這是每座球場都會有的問題，一般的做法是用農藥噴灑防治，或是透過人工剷除的方式來進行防治管理。再來是病害，草就和人一樣會生病，生病的草不僅破壞美觀也影響生長。球場上常見的草皮病害是褐斑病、葉斑病、菌環病等等。要進行病害管理，就得清楚知道病害種類，才能有效根治。例如菌環病，除了下藥之外，還得移除已經受到感染的土壤跟病株，重新種植才行。最後是蟲害，球場上其實有很多種類的昆蟲，好比蚯蚓、夜盜蟲、蟋蟀、螻蛄、紅螞蟻等等，有些蟲會吃草根，所以數量一多就會影響草皮。可是，有草的地方自然就會有生物，因此在蟲害防治並不是以徹底清除為目標，而是讓這些生物不會造成整個草皮的嚴重危害就可以了。

不過根據我自己實際簡單調查，臺灣的球場養護多數沒有病害與蟲害的專業知識，比較像是一種經驗傳承，例如通常在夏天進入秋天之際，除菌的藥物就會用得比較勤，或是秋冬濕冷的天氣下草根比較容易腐敗的時候，就會預先做除菌的防治噴灑。

▌特殊管理

除了上面提到的這些養護方法，草皮也需要搭配其他特別的管理方式，讓它可以健康成長，或是避免場上選手的危險，包含了通氣（打洞）、疏草莖、鋪砂。

通氣

土壤如果太硬實，會造成水流無法滲透到土壤，讓積水情況相對嚴重。透過打洞通氣的作業可以讓土壤不會太過結實，增加透水率，也能幫助草根、草莖的生長。實際執行層面，有些人會使用打洞機在土壤上打洞或是把土挖出，但這樣對草皮破壞力比較大；所以有人則會用 V 字型的刀刃來切土，儘管效果不如打洞機來得好，但相對沒那麼破壞草皮，因此使用次數可以比較多。通常臺灣的球場一年大概會進行三到五次的打洞通氣作業。

疏草莖

運動員穿著釘鞋在草皮上奔跑，如果草皮有著茂盛的草莖，沒經過適當的修整，那麼鞋子就可能會勾到草莖造成危險，因此通常會用疏草機來整理場地。如此一來可以讓草莖生長速度不要這麼快，也帶有一點通氣的

效果。建議可以在通氣的時候一起進行疏草莖的作業。

鋪砂

通常草皮會有一層叫作「草磐」（草磐層，也稱作枯草層）的植物組織，當分解速度比較慢，就會累積這些植物組織。具有一定厚度的草磐會帶來踩踏的舒適度和彈性，可以說是人體與土壤之間的緩衝，減少了土壤的硬實感。但如果太厚反而會成為病菌的溫床，而且不容易涵養水分，噴灑農藥、肥料的時候也會因此無法順利進入到土壤內。透過鋪砂就可以控制草磐累積，提供微生物適合的生長環境來促進分解作用，改善土壤的狀況，藉此達到維持良好草磐的目的。

草磐層

在土壤與草皮之間會有的一層植物組織所累積的分層，也就是是死去的葉子、根等等。如果草磐層過厚，不僅肥料難以讓根部吸收，空氣和水分也不容易進去。

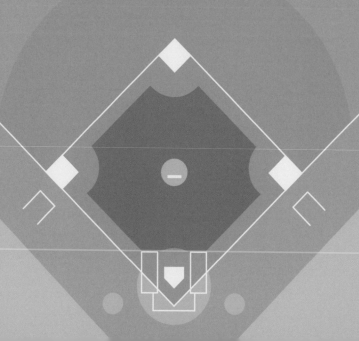

大聯盟對於國際比賽球場的要求與規範

為了順利舉辦 2023 年世界棒球經典賽的分組賽事，美國職棒大聯盟特地派人前來臺灣勘查球場，吸引新聞媒體爭相報導臺灣的球場設備、場地維護，以及場勘的結果，究竟怎樣才能符合一座國際球場的標準，也成為球迷們關心的焦點之一。

前 面的章節我們聊了棒球場的簡史、聊了美國跟日本建造與養護球場的規劃與制定，也聊了球場會影響球員的表現等等，看了這麼多，過去臺灣也舉辦了相當多次的國際賽，其實每個賽事場地都會有相關的標準與規範，包含大聯盟主辦的賽事，對於場地都會有相關的要求。

2023 年在臺灣掀起全民熱潮的世界棒球經典賽是由美國職棒大聯盟與世界棒壘球聯盟（World Baseball Softball Confederation，WBSC）共同舉辦的國際棒球大賽，自從 2006 年 3 月首次舉行後，到 2023 年為止總共舉辦過五屆。這個賽事可以說是聚集了世界各國最高水準的球員，每個國家的代表隊無不使出渾身解數徵召選手，為的就是那世界冠軍的鍍金頭銜。為了確保比賽能公平順利地進行，更重要的是要保護場上參賽選手的安全，所以由大聯盟負責監督這場國際等級的賽事，從預賽到決賽的所有相關場地都必須符合他們的標準。

臺灣在 2023 年負責舉辦經典賽的 A 組分組賽事，所以大聯盟的相關人員便來到臺灣場勘，吸引新聞媒體爭相報導臺灣的球場設備、場地維護，以及場勘的結果，這些話題也成為球迷們關心的焦點之一。不過，如同在前面講臺北市立棒球場歷史的時候有提過，其實這並不是臺灣第一次舉辦國際賽事，也不是第一次有美國職棒相關人員為臺灣的球場做健檢。

就先讓我們來回顧過去幾次臺美職棒球隊交流，以及舉行國際賽時的場勘與改善球場的經驗吧！

大聯盟來臺場勘的歷史

　　1992 年季末，美國職棒的聖地牙哥教士隊在中華職棒的邀請下來臺灣交流。原本預計舉辦六場比賽，分別是臺北三場，高雄、新竹、臺中各一場。後來因為天候因素，取消了新竹跟臺北的一場比賽。根據當時《中國時報》在11 月 10 日的報導，提到帶隊的總教練湯姆·甘伯亞在球隊到臺北市立棒球場練習時，便將所有的選手集合在投手丘附近，提醒選手：「這裡的外野場地很差，大家要小心一點，安全第一。」而教士隊這次來臺的陣容，在抵臺之前媒體曾認為臺灣的球隊要獲得勝利相當不容易，

世界棒球經典賽

是由美國職棒大聯盟與世界棒壘球聯盟共同策畫的國際比賽，第一屆在 2006 年 3 月舉行，由日本拿下第一屆的世界冠軍。因為世界棒球經典賽匯聚了許多職棒球員參賽，不乏有許多在日職、美職相當出色的明星球員，賽事的強度以及精采程度都很高，因此每一屆的比賽都能吸引到相當多的人關注。截至 2023 年止，世界棒球經典賽共舉辦了五屆，日本拿下三次世界冠軍，而臺灣在這五次參賽中，最佳的成績則是在 2013 年的第八名。

◆ 美國教士隊為中華職棒成立
後首支來訪的美國隊伍,圖
為 1992 年 11 月 9 日教士
隊練球狀況／聯合報系聯合
報,記者鍾豐榮。

但沒想到教士隊在臺灣的比賽居然一勝未得。不知道當時教士隊是否真的
因為場地關係,對於表演賽沒有全力以赴才導致這樣的結果。教士隊此行
的賽事並沒有事前場勘的紀錄,不過隔年道奇隊來訪,也許是選手層級不
同,從事前場勘就相當謹慎了。

　　1993 年道奇隊來臺,相較於前一年教士隊派出的陣容大部分為 3A 的
選手,這一年道奇隊是的出賽名單是滿滿二十五位的現役大聯盟選手,可
以說是臺灣棒球史上首度有大聯盟層級球隊來臺交流比賽,自然讓全臺球
迷都相當引頸期盼。但,1993 年只不過是中華職棒的第四個球季,球場設
施也一直不是很完善。當年 9 月 8 日《中國時報》就有新聞評論提到在臺
灣還沒有巨蛋球場之前,道奇隊來臺灣這件事情是否能夠成行,都還是個
未知數。畢竟臺灣當時的場地遠遠跟不上大聯盟的規格,所以許多人都不
看好臺灣是否有能力承接這種層級的賽事。

　　在 1993 年 9 月 16 日,先是當時道奇隊總裁彼得‧奧瑪里抵達臺
灣,隔天便到臺北市立棒球場了解場地,提出了許多缺失,包含場地需要

整平、全壘打牆也要加上護墊、投手丘則要重新設置等等。隨後在 1993 年 10 月 2 日，美國職棒大聯盟球員工會代表東尼 · 勃納薩德（Tony Bernezard）也前往臺北市立棒球場進行場勘，結果當然是「不滿意」，並毫不諱言指出以當時的場地狀況來說，是不可能讓大聯盟的選手在這裡比賽的。最後，道奇隊便對中職聯盟提出了諸多改善場地的要求，必須整平地面（包含外野紅土凹凸不平處）、修補全壘打牆破損的護墊、改善投手丘太過鬆軟的土壤、重新補強或種植草皮、整建球員休息室，以及準備醫療相關器材。

　　對於中華職棒聯盟來說，如果要按照道奇隊的標準去修繕，是筆超出預算的超級大工程，因此僅能就全壘打牆、整平土地、修補草地這些項目來進行改善。據說光是處理凹凸不平的外野，就花了將近六十萬元來改善。而上半年在球場改善、草地種植與養護上面，已經花了七十萬元的中職聯盟，為了能讓道奇隊順利來台，在沒有足夠的經費請廠商進場種植與保養草皮的情況下，只好出動聯盟的工作人員，自己去種草。甚至在接近比賽時，聯盟還調動了全臺的工作人員，在臺北市立棒球場打著赤腳一步一步踩踏來整理場地、檢查場內的紅土與草皮是否平整、是否有小石塊。這一次道奇隊來臺，帶來了高規格的球場檢視與改善建議，讓許多場務人

員都說因為這次交流賽，才見識到了什麼才叫作真正的投手丘。

2010 年道奇隊再次來臺交流，針對預計在 3 月 12 日到 3 月 14 日於臺北天母球場跟高雄澄清湖球場進行的賽事，也在當年 1 月就派出了國際部人員及場務人員到高雄澄清湖場勘。當時，場務專家庫克與道奇隊人員就在臺灣舉辦場務講習，並召開有關高雄澄清湖以及天母棒球場的場勘會議，指出投手丘問題很大，勢必要重建。其實在這之前，庫克為了 2001 年、2007 年的世界盃棒球賽（Baseball World Cup），以及 2006 年與 2009 年的經典賽，都曾到臺灣來勘查，指導場地的改善。可是到了這次道奇隊來訪，當庫克回到自己過去數次場勘、提出改善建議的球場，但基本的投手丘依然沒有達到最低標準，其他場地也需要再做整理與修復。

接受世界級考驗的臺中洲際棒球場

如前所述，2023 年世界棒球經典賽，臺灣也負責了 A 組分組賽事，所以在 2022 年的 10 月和 11 月，美國大聯盟相關人員便已經抵達臺灣，勘查比賽的主要場地臺中洲際棒球場。第一次來臺主要針對的是洲際棒球場的場地狀態，並要求臺灣方提供場地的維護報告等資料。到了 11 月的時候，

大聯盟又有一行人（二十人左右）到了臺灣，則花了三天去視察洲際棒球場，以及預計提供參賽球隊練習的場地斗六棒球場與臺體大棒球場。大聯盟的球隊每次來臺，都有簽署相關的合約，上面會規範出需要一一檢核的球場設施相關標準，細節到要有幾張桌子、幾個垃圾桶都有寫進去。像是這一次的場勘，大聯盟人員就有確認交通動線、住宿以及餐飲方面的安排。

11 月 17 日那天，大聯盟場勘的人員浩浩蕩蕩到了洲際棒球場，便分組成幾個小組針對內外野、行政區、休息室、排水系統、配電等等一一檢核，幾乎每個人手中都準備了捲尺等簡易工具，有的則準備了測試坡度的器具，隨時進行相關的測量。這天場勘開放了媒體與相關人員一同進場了解場勘進行的方式和內容，團隊同仁也跟著入場觀摩學習。為了確認球場的排水是否順暢，更是直接挖開洲際棒球場一壘側，查看鋪設

世界盃
棒球賽

原名「世界盃棒球錦標賽」（Baseball World Championship），是由國際棒球總會認可的世界賽事，第一屆在 1938 年舉行，當時的參賽隊伍只有兩隊：英國跟美國。在 1999 年時，國際棒球總會決議將比賽名稱自 2001 年開始改為「世界盃棒球賽」，而這一年也是臺灣第一次擔任世界盃棒球賽的主辦國，並拿下了季軍。雖然稱之為「世界盃」，但比賽的矚目度遠不及世界棒球經典賽，在 2011 年的世界盃棒球賽結束後，這個盃賽正式走入歷史。

◆ 大聯盟場勘工作人員利用儀器測量洲際棒球場。

的土壤分層狀況，然後現場開啟灌水的模式，至少在球場灌入了超過三十分鐘的水量，藉此觀察球場的排水狀況。根據大聯盟當天場勘建議，將洲際棒球場需要改善的問題整理如下：

投手丘

高度不符合標準，應將高度調整到 10 英寸（25.4 公分）；投手板、防水布都應該更換；土壤應改為專業黏土材質。

本壘區

打擊區到捕手區之間應填入至少 4 英寸（10.1 公分）的黏土，建議都須要改用專業黏土材質。另外，本壘板對應投手丘高度的高度差必須是 10 英寸，也需要重新鋪設本壘板的防水部分。

▌壘線與內野

跑壘線與草皮高度必須一致，因此需要使用器械重新設置；壘包須加裝大聯盟使用的底座；因為場勘時的土壤狀態過於鬆軟、穩定性差，須使用土壤改良劑來改善。

▌全壘打牆與場內護牆邊紅土

土壤需要用器械重新翻整回壓，並與草皮齊平；場地內的牆壁與護網銜接部分、排水設備都要清理；警戒區內地表上排水系統的橡膠地墊要與地面齊平。

▌草皮

須進行打洞通氣，減少有機物質產生，維持草皮品質與球的滾動、選手腳步移動的穩定性；土壤必須重新活化，藉著翻土來解決土壤過度硬實結塊的情況，讓整個球場有一致的軟硬程度，穩定球的彈跳與滾動反應；本壘區、主審區、一壘和三壘壘包的轉角等處附近的草皮磨損部分需要重新種植，同時移除草皮邊緣處出現的草堆，讓草皮與紅土齊平；整體的草

◆ 圖 1_ 場勘工作人員挖掘洲際棒球場的土壤，確認各分層狀況。
◆ 圖 2_ 場勘工作人員挖開一壘側土壤，進行大量灌水，確認球場內的排水系統運作情形。
◆ 圖 3_ 場勘工作人員在室內打擊練習區進行丈量。

皮坡度也不符合規定，內外野的坡度落差基本上應該是 20 公分，但洲際球場是 60 公分，並不符合草皮抗旱的標準。

▌排水

　　洲際棒球場的排水系統跟灑水系統不符合運動專業場地設計，所使用的外接閥門噴甩系統通常用在高爾夫球場，不允許用在棒球場或足球場，因此灑水系統需要重新設計與裝設。此外，當天開挖一壘側，挖到礫石層的時候，中間有些土壤層出現了不合規定的石礫狀態，當場大聯盟場勘人員也很直接地說棒球場的土壤不應該出現這些礫石。為了確認球場是否排水順暢，立刻現場注入超過半小時的水，藉此評估球場的排水系統。大聯盟的人員認為這球場的外野排水系統在下過大雨後的恢復效果相當緩慢。至於整體球場的土壤比較接近美國一般公園土壤，而非專業運動球場，使得不穩定的因素很高，並不適合提供任何職業運動使用。根據負責洲際棒球場養護的工作人員所說，下過大雨須等二十四小時才能回復到能進行比賽的狀況，是因為球場的土壤並非使用能高效排水的砂土，因此與專業球場的規格相比，顯得排水能力相當不足，必須重新評估預算後進行土壤的改善。

牛棚區與牛棚區投手丘

　　牛棚區投手丘的高度照理說應該要與場上的投手丘一致，但實際上卻差了 2.5 英寸（6.4 公分），主隊與客隊的牛棚區都有相同的缺失。因此牛棚區的投手丘需要重新調整，也應該使用跟場上相同材質的土壤；牛棚區投手丘的護網高度也過低，容易造成球的反彈而發生危險，同樣應該改善；牛棚區內還需提供選手座位及可以使用的電話。

打擊練習區

　　現有的防護網設備沒有達到基本安全的要求，需要重新購買場內 L 型打擊防護網、三組 6×12 英尺（1.8×3.6 公尺）的打擊地墊、兩組打擊練習使用的球車，以及打擊練習區與本壘後方的 U 型相關保護地墊；室內打擊區防護網的緩衝設計要重新安裝來減少球的反彈；與牛棚區相同，也需要提供選手座位。

球場牆壁、全壘打標竿與界外區防護網

　　欄杆都應該要有護墊；牆壁上的門在關上後都不應該出現縫隙；圍牆

下方的縫隙都不應該讓球滾出去；全壘打標竿、護墊上的指標線都應該重新上漆；中外野全壘打牆色系應該是非反光色系；降低本壘後方防護墊與地面的縫隙，確保球不會卡在縫隙而影響比賽進行。

▌球員休息室

　地板已磨損需要修整；電話與電視、插座須能正常使用；須提供打擊頭盔架與球棒架。

▌球場照明

　須調整到經專業測量後符合標準的照明水準。

▌人員配置

　建置每天專責維護場地的小組，八人一組。

▌器材工具

　須提供足夠每日進行草皮整理作業的器械；為了確保場地的土壤平整，在比賽中至少有兩台多功能工具車提供使用，並備足相關的材料；紅土部

分需要替換成合乎大聯盟規格的土壤，並且至少需要有 10 噸的備用材料；各式相關的器材都應該妥善分類與整理。

▌防水

原有的防水布都有出現破洞，因此需要重新製作防水布。規格應為 170×170 英尺（51.8×51.8 公尺）的大小，並須準備用來固定防水布的五十個防水砂包。

除了以上檢討的內容，當天大聯盟人員也特別指出球員休息室、行政區域等地方的置物櫃不足，且沒有靠牆固定，怕會倒塌而傷害到選手。並且檢視了球場各處的電源箱、轉播使用的接孔等等，確認電路、電壓是否提供了轉播人員足夠的需求。現場也發現有些電源箱被拿來置放雜物，或是無法順利開啟。你會覺得打不開的電源箱可能只是長期沒有使用，但未來將會影響到的是現場媒體朋友轉播的順暢，這些在大聯盟的場勘都一一確認沒有漏掉。連廁所的數量，大聯盟人員也都親自檢查過是否符合規定。整個場勘的內容，可以說是一個職業棒球場最基礎能提供選手安全比賽、行政人員可以讓比賽順利進行與維護球場的基本標準。

◆ 圖 1_ 場勘工作人員確認球員休息室內的櫃子尺寸。
◆ 圖 2_ 場勘工作人員測量防水帆布滾筒的尺寸是否符合規範。
◆ 圖 3、4_ 場勘工作人員檢查球場各處的設備箱。

斗六棒球場與臺體大棒球場的缺失

　　斗六棒球場與臺體大棒球場雖然不是主要比賽的場館，但是會提供球隊練習、舉辦熱身賽，所以大聯盟人員也有進行這兩個場地的場勘，提出相關改善建議。下面將相關內容整理成簡單的表格，供大家參考：

項目	斗六棒球場	臺體大棒球場
投手丘	投手丘與本壘板的高度落差為 13 英寸（約 33 公分），高於規定的 10 英寸（約 25 公分），須調整成標準高度。	須確認投手丘到本壘板的高度。
	更換投手板與防水布。	投手丘須重做，包含投手板與防水布。
	更換符合規定的黏土。	須使用符合職業等級的標準黏土。
	購買五組全新投手板。	

項目	斗六棒球場	臺體大棒球場
本壘區	須填入至少 4 英寸（約 10 公分）的黏土。	須填入至少 4 英寸（約 10 公分）的黏土。
	安裝新本壘板，對應投手丘的高度差須為 10 英寸（約 25 公分）。	安裝新本壘板，對應投手丘的高度差須為 10 英寸（約 25 公分）。
	增加新的圓形防水布。	須重新翻修。
	購買五組全新本壘板。	
壘線與內野	重新鋪土並使用器械翻動與回壓，確認土壤與草皮的高度一致。	須添加土壤、重新翻土與回壓，確認草皮與壘線齊平。
	使用大聯盟規定的壘包與壘包底座。	以 90 度垂直角度重新安裝大聯盟規格的壘包（現場測量有正負 4 英寸的角度落差）。
	須使用土壤改良劑改善土壤狀態。	本壘板到投手丘的路徑須平坦且平穩。
牛棚區投手丘	投手丘高度太高，須降低為本壘板到投手丘是 10 英寸（約 25 公分）的高度差（主客隊的牛棚都相同）。	投手丘高度太高，須降低為本壘板到投手丘是 10 英寸（約 25 公分）的高度差（主客隊的牛棚都相同）。
	須有足夠的、專業填充的土壤（與上面投手丘同）。	投手丘底部至少要有 4 英寸（約 10 公分）的黏土填充物。
	練習賽與熱身賽中的投手丘與土壤材質都必須與正式比賽的場地相同。	須提供牛棚區防水布來保持投手丘濕度。
	購買四組投手板與本壘板。	須更換區域內的人工草皮。
	場內牛棚區須提供座位。	有天然草皮部分也需要改善（原則上需要重建）。
	須提供能使用的電話。	

項目	斗六棒球場	臺體大棒球場
全壘打牆警戒區與場內護牆邊紅土平地狀況	須增加新的材料進行土壤整平回壓。 土壤須與天然草皮齊平。 排水系統上的橡膠地墊須跟警戒區的地面齊平。	無。
球場圍牆	欄杆都須包上防護墊。 牆上所有的門關上後都應該要沒有縫隙。 須修補過薄或破洞的防護墊。	欄杆都須包上防護墊。 牆上所有的門關上後都應該要沒有縫隙。 須修補過薄或破洞的防護墊。
全壘打標竿與防護網	中外野全壘打牆後深色建築物上的白色標竿，須用綠色油漆上色。 全壘打牆護墊上的黃色指標線須重新上色。	全壘打牆上的黃色指標線須重新上色。
球員休息區	須修整地板。 電話、螢幕與插座必須能正常使用。 須配置打擊頭盔架與球棒架。 休息區前的警戒區寬度太窄，少於 15 英尺（4.5 公尺）。	須安裝橡皮材質地板。 須配置打擊頭盔架與球棒架。 休息區內外露的水泥硬材質部分須上色供安全辨識。
一壘、三壘側打擊練習區走道	須提供球員休息座位區域。	相關要點須符合規定，包含防護網等。

項目	斗六棒球場	臺體大棒球場
打擊練習區	須提供三組 6 X 12 英尺（約 2 X 3.6 公尺）的打擊地墊。	打擊練習區走道到球場的距離應該是三分鐘行走的路程。
	須修補打擊練習區的護網以及護墊。	整個空間須為舒適，並有防護網的多功能區域。
	須提供兩組打擊練習用球車。	L 型護網須安裝新的護墊與防護網。
	須重新添購 L 型護網。	本壘打擊練習區須有新的防護墊與防護網。
		須提供三組 6 X 12 英尺（約 2 X 3.6 公尺）的打擊地墊。
		提供兩組打擊練習用球車。
球場照明	須進行專業的測量，通過核可後提供結果。	建議僅在白天時段使用該球場。
人員配置	須安排每天進行維護的專職工作成員，八人一組。	須安排執行每日固定維護工作（包含草皮修整、土壤翻整等）的專職工作成員，五人一組。
	熱身賽期間的工作人員增加為二十人一組。	

項目	斗六棒球場	臺體大棒球場
維護器材與設備	必須足夠提供每日的草皮整理。	比賽期間每日進行草皮修整作業。
	確認內野與全壘打區的土壤平整。	確認內野與全壘打區的草皮與土地平整。
	需準備充足的土壤調節劑、維護場地用土壤。	至少有一組工具車供現場使用。
	至少兩組工具車提供現場使用。	有足夠的小型維修器材與材料。
	足夠的工具與備料。	有一台至少 1 噸的雙滾輪平整車在現場待命。
	至少有一台 1 噸的相關整平機械在現場待命。	準備足夠的砂土與黏土供內野、投手丘等處替換補充。
	防水布為 170 X 170 英尺（約 52 X 52 公尺），牛棚、投手丘與本壘板都要有足夠的防水布。	全新且符合尺寸的防水布（包含投手丘、牛棚與本壘板區域）。
	現場至少要準備五十個防水砂包。	現場至少要準備二十五個防水砂包。

項目	斗六棒球場	臺體大棒球場
草皮	須進行打洞通氣，維持草皮品質。	須修剪草皮，維持草皮平整，減少球的不規則彈跳。
	須填補場地上草皮不平整處。	磨損光禿的草皮處都須重新種植。
	使用黑麥草來補強草皮。	改善排水系統才能提供草皮更好的生長環境。
	清除內外野草皮與土壤界線上的草堆，草皮與土壤交界須齊平。	調整噴頭高度以及噴頭升降速度，讓草皮獲得適當的保養。
	紅土與草皮的交界處要有清楚的分界。	須移除草皮邊緣的草堆。
	須使用土壤改良劑等方式讓土壤活化。	草皮與紅土須有明確的分界，且交界處須齊平。
	須用土壤填補場地不平整、甚至是較低的地方。	須補充大量的砂土，將場地整理到平整且軟硬適中。
	翻整土壤來改善結塊硬實的狀況。	須使用器械來整地，減緩土壤過度硬實的狀況。
	每月應進行土壤翻整通氣作業。	內野土壤以及全壘打警戒區的部分需要進行整平工作。
	須改善排水設施系統。	
	須調整灑水系統。	

項目	斗六棒球場	臺體大棒球場
總結	1. 排水問題與臺中洲際球場雷同。 2. 投手丘、本壘區與牛棚都須全面重新翻修。 3. 草皮不僅需要修補，也要與土壤齊平。 4. 土壤狀況與臺中洲際球場相同，經費不足無法全面汰換土壤。可以利用器械進行挖掘與回壓填平作業來改善土壤品質。 5. 防水布建議用三到五年就須汰換，斗六棒球場的防水布已經用了八年，效果已經打了折扣。	1. 這是一個將近三年沒有進行專業維護的球場，場地的狀況相當不完善。如果僅使用一般的處理措施，沒有經過專業翻修的話，是無法進行比賽的。 2. 在草皮部分須重新種植、外野警戒區的部分範圍不符合規定也要重新確認，且高度都不足，需要回填到正確的高度，維持場地的平整性。 3. 場內的紅土須鬆動與回壓填平，並要加強噴水與整理的次數。 4. 投手丘、本壘板區域都須重新設置。 5. 灑水系統也需要重新調整。

眾人關心的新竹棒球場

　　大聯盟相關場勘人員在完成 2023 年 10 月和 11 月的兩次場勘，並提出相關的報告之後，便開始排定各個球場的改善事宜。隨後在同年 12 月，庫克一行人抵達新竹棒球場進行勘查，評估這裡是否適合舉行官辦熱身賽。

　　新竹棒球場在歷經幾年整修，曾號稱是臺灣第一個智慧型球場，球場

下設有智慧型停車場。儘管在 2022 年 7 月 22 日舉行了改建後的第一場賽事，不過連續兩場的比賽因為場地問題導致傷兵連連，於是 7 月 24 日宣布之後的賽事改在斗六球場舉辦，新竹球場也開始針對相關的缺失進行調整。而 2023 年的世界棒球經典賽，主辦單位評估熱身賽場地時，仍然將新竹棒球場放入規劃中，並安排大聯盟相關人員前往球場評估。結果，庫克他們提出的缺失與改善建議如下：

投手丘

尺寸不對，須重新建置，紅土也需要更換。

本壘區

整個本壘區須重新建置，包含更換紅土、換新本壘板等。

壘線與內野

須齊平內野紅土與草皮的交界處並更換紅土、準確校正內野的坡度。

牛棚區

須重建三壘側牛棚區並更換投手板（理由是因為如果針對經典賽熱身賽場地需求，只會有一支經典賽參賽隊伍在新竹棒球場比賽，也就是最低的限度讓他們來打熱身賽時有合格的牛棚區即可）。

外野警戒區

外野警戒區規格不符合規定。坡度也不合格，因此灑水後就會產生積水。另外，草皮需要重新種植，同時要搭配合於標準的灑水系統。庫克認為這些缺失是不可能在熱身賽前完成改善。

全壘打牆與場內圍牆

所有的出入口都要能正常關閉且上鎖，並裝上防撞護墊。只要外野圍欄跟出入口有縫隙，都應該要補上填充物來確保安全。

全壘打標竿跟界外擋網

防撞護墊上的標線需要跟全壘打標竿對齊。

▌ 草皮

　　草皮磨損嚴重，需要花時間恢復並重新補種。另外，也需要整理壘線、內外野交界處的草皮邊緣，讓其平整以降低選手摔倒風險。

▌ 照明

　　由照明承包商完成並提供經過認證的照明數據與報告。

▌ 打擊與投球檔網

　　須備有足夠的數量。

▌ 壘包組與投手板

　　須更換投手丘及兩個牛棚區的投手板（共三個）。壘包需要換新，相關基座都必須在正確的位置，也要額外準備練習用壘包與全新壘包。

▌ 裁判室

　　須保持整潔，且裁判入場通道應與選手分開。

選手休息區

須有足夠的座位,且兩側入口處都應該有防撞護墊。

室內打擊練習區

主、客隊都應該要有室內打擊練習區。

人員配置與器材

比賽期間須有二十個人力負責拉開防水布,並確認內野防水布(包含投手丘與本壘區)有無破洞。須備齊場地整理相關的器材、土壤、土壤改良劑。

整體來說,庫克認為當時新竹棒球場的牛棚、投手丘與本壘區都需要重建,且壘包的位置應該重新定位安裝。至於內野和外野的土壤也已經取樣準備送驗。如果以僅限於熱身賽使用的場地標準來說,新竹棒球場還有很多進步的空間。

如火如荼的改善工程

　　經歷過了大聯盟相關人員的場勘後，作為主要比賽球場的洲際棒球場，以及球隊熱身賽、訓練場地的斗六球場、臺體大棒球場，馬不停蹄展開改善的工程。由於要在短時間內達到大聯盟規定的標準，每個場地的工作人員真的是竭盡心力。其中，洲際棒球場的改善幅度算是最多、最完善的，畢竟作為主要的比賽場地，完全不能馬虎。

　　在 2023 年 11 月的場勘結束後，洲際球場就已經先進行了草皮區的改善工程，整個計畫從當年 12 月底一路執行到隔年 2 月底完成驗收。大聯盟為了球場的修繕，總共派了八個人抵臺協助，而且這次修繕的草皮、土壤全部都是空運來臺，連施作的重型機具也是。

　　根據比賽日期往前推算的養護時程，草皮最晚 2023 年 1 月 5 日就得播種，所以為了能趕上賽事的舉辦，所有的工作人員幾乎沒日沒夜地趕工，加班甚至是常態。就有參與這次球場改善的工作人員提到，草皮是很多同仁一起跪著一塊一塊鋪上去的。這次要讓草皮在比賽時看起來更加翠綠、形成地毯般的柔軟並富有彈性，採用的是百慕達草與黑麥草混種。草皮鋪

種之後，相關的紅土、排水混和物也根據大聯盟調配的比例來做鋪設（排水混和物比例是白沙 166 噸、黑沙 106 噸、泥炭土 5 噸，總共 277 噸，分八次拌合），同時壘線、壘包位置都重新定位，當然灑水、排水系統也跟著一起更新與調整。

　　而大聯盟為了確保施工的內容、後續成效都是符合比賽的需求，連臺灣農曆過年期間工作人員都沒休息。施工廠商與大聯盟顧問每天都會進去球場確認草皮的噴灌、養護的狀況，就是希望重新鋪種的草皮能夠達到大聯盟的水準。光是洲際棒球場的草皮與排水的改善，就花費了超過千萬元的工程費用，當球員重新踏上草皮，就覺得腳下的感受有明顯不同，直呼有大聯盟等級了。

　　同一時間，洲際棒球場也陸續完成了許多改善作業，包含：重新種植內外野草皮交界處的草皮；清除水溝的紅土並且更換水溝蓋；打者之眼重新上漆；照明設備的燈具汰舊換新，並調整燈泡照射位置；投手丘、本壘區、牛棚都依大聯盟標準重做；一三壘側加裝了隱形護網，提升了看球舒適度；球員休息室、教練與總教練休息室、裁判室等等置物櫃的規格也依規定重新製作，比原有的置物櫃空間大了許多。

2023 年為了迎接經典賽，大手筆地整修了球場，跟過去幾次大聯盟來臺場勘的時候相比，是規模最大的一次。連機具、材料都從美國空運，可以感受到這次相關承辦單位對於比賽場地的重視程度。美國場務專家庫克也曾說到，邀請他到臺灣來調整改善的費用是相當高昂的，希望透過這次的機會，帶領著相關的球場養護人員一起操作，並表示不藏私，這樣臺灣就能學起來，以後就可以自己做。

老實說，回顧過去多年，臺灣的球場不只一次有這樣的場勘跟翻修的機會，其中庫克更是幾乎每一次都有參與，但為何我們的球場總是無法跟上所謂的大聯盟標準？後續新建的球場距離標準也都差了一大截，甚至呈現荒腔走板的內容。曾有媒體和專家點出後續維護所需的龐大經費是難以維持的原因。但我們其實也能思考，如果能夠從過去場勘學習的經驗中保留完善的資料，作為未來新建或養護球場的依據，那麼我們的球場還會距離所謂的及格分數，有這麼大的差距嗎？

大聯盟對於國際賽球場設施的規範

從大聯盟在 2023 年針對臺灣辦理經典賽分組賽提出的場地規範，就能看到他們從主要的比賽場域、牛棚、球員休息區、維護人員與設備工具、

行政人員的區域、教練團辦公室與更衣室、淋浴、用餐、培訓人員所需區域、裁判室、技術委員室、藥檢區、媒體區、以及網路、醫療、活動 IT 所需的地方，都有鉅細靡遺的規定。根據這些標準，可以讓團隊中各領域負責的人都能確實檢核內容，來進行具體補強或改善，讓賽事場地有一個最基礎的安全規格。以下就將大聯盟這次的規範整理成表格，提供大家參考：

球場硬體設施

球場配置

項目	標準
本壘到外場牆	球場規格應該要符合美國職棒大聯盟所規範的最低標準，或是場地已經獲得大聯盟主席批准能讓選手使用。
距離與標記	從本壘到外場牆的尺寸應為左外野和右外野、界外線下 325 英尺（99 公尺）的最小距離、中外野 400 英尺（121.9 公尺），左中場和右中場 370-375 英尺（112.7-114.3 公尺）。
	距離標記應顯示在每個位置（用英尺或公尺表示），中外野的標記應選用黃色。

球場場地平面

項目	標準
表面狀況	沒有岩石、孔洞，主辦單位應該要提供沒有絆倒危險的場地。
	人工草皮有經過 WBCI（World Baseball Classic Inc.，經典賽公司）批准。
球場場地等級	投手丘底部到界外區的紅土區，坡度偏差在 6 英寸（15.2公分）、或每 100 英尺（30.4 公尺）的坡度是 6%，主辦單位應該要提供經過認證的場地調查，並說明球場的等級。
內野	內野的紅土應該由特定土壤混合而成，有一定的比例。
	土壤組成為 60-70% 的砂粒，20-30% 的黏粒，10% 坋粒。
	內野土壤上層須有 0.25 英吋（約 0.63 公分）的土壤改良劑，由煅燒黏土產品所組成。
投手丘	須按照官方棒球規則的規格建造。
界外與全壘打警戒區	須有從全壘打牆向內延伸、寬度 15 英尺（約 5.22 公尺）的警戒區。
	警戒區不僅要足夠平坦，且須提供視覺與觸覺能夠明顯感覺的變化，所以應由顆粒小於 0.25 英寸（約 0.63 公分）的紅磚土組成。
牛棚投手丘	如果牛棚位於場內的界外區域，投手丘的坡度需與場地整合（避免人員絆倒）。
	投手丘坡度基本上約每 1 英尺，坡度須下降 1 英寸，直到投手丘跟土壤或草地齊平為止。

球場相關設備尺寸

項目	標準
圍牆	外野處高度至少 8 英尺（2.4 公尺）；紅土區高度至少 3.5 英尺（1 公尺）。
	厚度至少 4 英寸，裡面填充物須堅固，外面包覆乙烯基材質緩衝物。
	牆上標誌牌都是採貼附的形式，且完全貼平於牆上。
	牆上不得出現繩索和電線。
本壘後球網	配置及尺寸依據現場安裝為主。
打者之眼	設置在外野中心處，結構穩固、不能移動的深色屏障。尺寸最小要有 40 英尺（12.2 公尺）高、60 英尺（18.3 公尺）寬，且足夠平坦。
	如果此處設有攝影機，則攝影機與腳架的顏色都必須與打者之眼的顏色相同。
圍牆標誌牌	採用深色，避免淺色或白色，並且不得設置在打者之眼正下方的外牆。

球隊使用區域

項目	標準
球員休息區 （主客隊各一）	主客隊各一個專設的球員休息區。整個休息區長度至少 60 英尺、最低高度至少 7.5 英尺（2.3 公尺）、深度至少 8 英尺（2.4 公尺）。另外，距離本壘區不得超過 80 英尺（24.4 公尺）。

項目	標準
球員休息區 （主客隊各一）	須有足夠容納三十位人員的靠背軟墊長椅，且要有屋頂覆蓋整個座位區。
	須有能放置十五個頭盔的頭盔架，以及可容納三十支球棒的球棒架。
	須沿著球員休息區設置柵欄與欄杆〔3 英尺 6 英寸（1 公尺）高，用網子和軟墊覆蓋〕，避免界外球擊中選手。
	走道、台階、通向室內休息區與洗手間相關設施地板，全部要使用防滑材料。
	兩個球員休息區必須要有能直接與牛棚聯繫的電話或螢幕（可查看新聞與牛棚）。
	根據需求安裝水霧裝置。
牛棚	主客隊都須設置，設有兩個投球區和本壘板，且投球區與本壘板之間要有足夠的空間距離；投手丘的背景要為深色，才能讓接球手看清楚球，並使用與比賽場地規格相同的照明。
	與球員休息室有暢通的聯繫管道，所以須備有監視器與電視（畫面須傳送到球員休息室），以及通到球員休息區的電話。
	須提供至少足夠十名選手使用的坐椅。
	有浴室設施。
	有單獨的進出入口，且在戶外的部分須設置圍欄，避免球打入牛棚。

項目	標準
室內打擊／牛棚區	室內打擊區須有 18 英尺（5.5 公尺）寬、80 英尺長、10 英尺（3 公尺）高的場地,且須為人工草皮。
	每個打擊區都要有一個 L 型護網。
	投手身後的背景須為深色,讓打者能清楚看到球;打者身後的牆上須鋪上橡膠或乙烯基材質護墊。
	牆壁、柱子等相關結構都必須有降低球威的防護裝置。
	光線必須充足。

球場設備

項目	標準
照明	皆須經過 WBCI 的檢查與核准,且最低標準為內野平均照度 150 FC,外野平均照度 100 FC。
	燈桿高度與位置須符合 IES 標準。 IES 標準:由照明工程協會（Illuminating Engineering Society,IES）規定的空間內光源平均分布照明的標準。
防護網	投球 L 型防護網,高 8 英尺、寬 8 英尺,一側上方需有 4 X 4 英尺（1.2 X 1.2 公尺）的缺口。
	二游練習時使用的護網,高 8 英尺、寬 14 英尺（4.3 公尺）。
	一壘前的護網,高 8 英尺,寬 8 英尺（約 2.8 X 2.8 公尺）。 這些防護網的目的都是在保護選手,避免於守備練習時被打者擊出的球打中。

項目	標準
界外區標竿	高度至少 30 英尺（9.1 公尺）高，最好是塗上黃色（或其他鮮豔的顏色），竿子的任何部分不允許有白色的標誌。
	竿子的一側要設有 24 英寸（61 公分）寬的網子。
旗桿	球場設立至少五根清晰可見的旗桿，展示球隊的旗幟。
打擊練習網	至少一個，供兩隊擊球練習。
	內部尺寸至少 18 英尺（5.4 公尺）寬、14 英尺（4.3 公尺）深、9 英尺（2.7 公尺）高，且須方便移動。
	框架須包覆軟墊，且在擊球位置上方設置網子或遮蓋物，以減少眩光並提供保護。

球場維護

項目	標準
維護人員	是否有足夠場地維護人員（在比賽、訓練等情境下都能高效率完成場地維護）。
賽前	每次訓練或是比賽都有一個專職人員負責場地的事前準備規劃，包含打擊練習、內野訓練、各種比賽所需等等。
賽事	是否有足夠工作人員完成現場各種準備工作
賽後	是否有足夠工作人員在賽後進行場地修復以及下一場賽事前的準備？
維護所需設備與工具	大型設備：滾刀式割草機、內野砂地拖拉機、旋轉耙土機、震動壓地機、滾筒壓土機（1-2 噸）、裝載機（俗名大山貓或鏟車）、砂石散布機、草皮磨邊機。

項目	標準
維護所需設備與工具	小型工具：液態肥料噴灑器、推車（方便在場內移動器材）、畫線機、繞線器、灑水壺（兩個）、壓平工具（兩個）、內野整土器材〔4 X 6 英尺（1.2 X 1.8 公尺）大，材質一軟、一硬〕、內野草皮保護裝置（由 PVC 製成的網狀物，可以在打擊練習時保護草皮）、抓耙（至少 24 英寸，四把）、鏟子（六把）、推掃帚（四把）、滾筒式刮刀（六個）、拖刷（4 英寸寬，兩個，第五局使用）。
	其他：粉筆盒（4 英寸寬）、水管〔至少 200 英尺（61 公尺）長〕、沙袋（用來加重防水布，七十五個）、打擊教練使用的準備區（fungle circle，兩個）。 **準備區：通常在賽前守備練習時候教練也有自己站立的區塊，不會直接踩在草皮上，讓場上的工作人員方便進行場地整理。在臺灣有時候會用長型的人工草皮。**
現場維護設備所需材料	滑石粉、黏土、投手丘及本壘區域的補充土、白色無毒粉筆、白色水性漆。
儲存區	至少為 15 X 15 英尺大小的房間，要帶有門或捲門，能遮風避雨並儲存足夠多場邊所需維護器材。
防水布	足夠的防水布，包含內野、投手丘、本壘區、牛棚，尺寸要能遮蓋這些區域，防止水從邊緣流入。
	防水布應放在易於取用的位置，不得造成他人的安全疑慮。
	場地有足夠的人員來操作防水布的拉開與收回。
	內野防水布尺寸至少是 30 英尺長、30 英寸（76.2 公分）寬的管子，並置放於界外與打擊警戒區。

項目	標準
供水系統	內野、本壘區、投手丘、牛棚區、壘包下都需要有供水系統。
	供水系統的管線至少需要 1.25 英寸（3.2 公分）或 1.5 英寸（3.8 公分）寬。
	供水系統須在本壘區、投手丘，二壘跟牛棚區，達到每分鐘提供 80 加侖的水量。
	人工草皮下須有供水系統能向外野、本壘區、投手丘、牛棚、壘包區供水，並符合每分鐘能供應 80 加侖水量的標準。
	供水的軟管連接頭應該在本壘區、投手丘、二壘跟牛棚區後方。
球場排水系統	場地下應該有完整的排水系統，草皮底部要有多孔收集系統。排水速度須在降雨二十分鐘後仍不會形成積水。
氣象雷達	有電腦或相關系統能隨時確認現場天氣，並有氣象專家提供比賽日期的天氣預測。

現場照明

項目	標準
備用電源	至少一組備用電源，確保能提供所有設施所須電源，並在啟動時須保持最低亮度的完全照明。
照明設備	賽前須依照需求提供照明，以幫助人員現場準備球場、排練等等事項。
	賽後應提供至少兩小時足夠照明作為恢復場地所需使用。

▌ 大聯盟室內球員休息區標準

　　上一份檢核比較針對是「看得見」的比賽區域，包含草皮、土壤等等，而一場賽事使用到的區域還有相當多是在球場內部，這不是一般球迷能夠看見的地方，但提供選手、教練團、所有相關的工作人員一個能順利完成工作且確保安全的場域，也是相當重要的。

室內球員休息區

項目	標準
室內球員休息區數量	主客隊各一。
休息區與工作人員	每個休息室都包含室內球員休息室與總教練休息室
	主辦單位應該為每個球隊準備好室內球員休息區的負責人一位，以及工作人員兩位，跟球隊的管理一起協助餐飲、洗衣等工作安排。
場地與通道	室內休息區有直接的通道能到外面球員休息區、比賽場地。通道必須保持暢通，並且有效控管相關通道權限來保障選手訓練與比賽的安全。

更衣室區域

項目	標準
更衣室環境	須光線充足、牆壁乾淨、舖有地毯、沒有雜物，還有能安全使用的電源插座。
球員更衣室	空間大小至少 1500 平方英尺（大約 140 平方公尺）。
	置物櫃〔大小為 24 X 72 英寸（61 X 183 公分），最佳尺寸是 36 X 72 英寸（91.4 X 183 公分），至少三十個〕、衣架（每個置物櫃至少二十個，共需六百個以上）、有軟墊的折疊椅（每個置物櫃前至少一個，共需四十張以上）。
	沙發（三張）、咖啡桌（大小約 3 X 3 英尺的方桌，兩張）。
	六孔插座板（兩組）、手機充電站（大小至少約 30 X 30 英寸的方桌）。
	可以連接賽事直播的高清電視（兩台，至少有一台要是 46 英寸）、可連接電視的 DVD 播放器、可連接 Iphone 或 ipod 的喇叭。
	掛牆時鐘。
	當日報紙。
	大垃圾桶（約 35-50 加侖，四個）、小垃圾桶（四個）、裝毛巾和衣服的洗衣桶（四個）。
	每場比賽或訓練至少提供兩百條浴巾及一百條毛巾。
	直立式冰箱。
	網路。

項目	標準
總教練 辦公室	至少一個單獨的總教練辦公室，空間為 150 平方英尺（大約 14 平方公尺），要有獨立廁所、淋浴室、更衣間。
	置物櫃（最小尺寸 24 X 72 英寸，最佳尺寸是 36 X 72 英寸，兩個）、衣架（二十個）、有軟墊的折疊椅（三張）。
	六孔插座板（兩組）
	辦公桌（尺寸約 30 X 60 英寸）、桌椅、沙發、咖啡桌。
	能即時觀看賽事的高清電視。
	中型垃圾桶。
	小冰箱。
	掛牆時鐘。
	浴巾（兩條）、毛巾（四條）。
	網路。
教練 更衣室	應為獨立空間，面積至少 200 平方英尺（18.5 平方公尺）。
	置物櫃（最小尺寸 24 X 72 英寸，最佳尺寸是 36 X 72 英寸，六個）、衣架（每個置物櫃二十個，共一百二十個）、有軟墊的摺疊椅（六張）。
	六孔插座板。
	桌子（至少 30 X 30 英寸）。
	中型垃圾桶。
	掛牆時鐘。
	浴巾（十二條）、毛巾（二十四條）。
	網路。

項目	標準
用餐區	面積至少 300 平方英尺（約 28 平方公尺），須靠近球員更衣室。
	長餐桌（至少 30 X 72 英寸，五張）、方桌（至少 36 X 36 英寸，五張）或圓桌〔直徑約 40-50 英寸（100-130 公分左右），五張〕、有軟墊的摺疊椅（每張長餐桌、方桌或圓桌配四張，共二十張）。
	大垃圾桶（三個）、小垃圾桶（兩個）。
	可隨時觀看賽事的高清電視。
	掛牆時鐘。
	烤麵包機、微波爐、咖啡壺（須裝有現煮咖啡，兩壺）、兩個大型直立式冰箱（裝有飲用水、蘇打水、果汁、牛奶、電解質飲料等）。

淋浴設備與廁所

項目	標準
淋浴與衛生	至少十個獨立淋浴空間，能持續供應四十分鐘以上的熱水、並提供沐浴相關用品。
	至少三間廁所、三個尿斗、四個洗手盆。
	至少一個可泡澡的按摩浴缸

室內球員休息區支援設施

項目	標準
訓練室	大小至少 250 平方英尺（約 23 平方公尺）。
	置物櫃（最小尺寸 24 X 72 英寸，最佳尺寸是 36 X 72 英寸，三個）、木製衣架或塑膠袋（每個置物櫃十個，共三十個）、有軟墊的摺疊椅（每個置物櫃一張，共三張）。
	飛輪（三台）、跑步機、各種重量的啞鈴。
	熱敷袋加熱器。
	物理治療用治療台（兩張）。
	泡澡用浴缸。
	桌子（至少 30 X 72 英寸，三張）、能擺放器具的架子。
	六孔插座板。
	大型垃圾桶、中型垃圾桶（各一）。
	浴巾（二十條）、毛巾（四十條）。
	掛牆時鐘。
	可放 500 磅食用碎冰的保冷箱。
	網路。
團隊裝備存放區	為獨立、可上鎖的空間，應靠近室內球員休息室。

輔助室內球員休息區（主客隊各一）

項目	標準
更衣室	至少 1200 平方英尺（約 111 平方公尺，與教練共用）。
總教練辦公區	須設置。
淋浴設備	須設置。
治療區	至少兩張治療台。
用餐室	須設置。
前往打擊練習區的通道	須靠近打擊練習區，且有安全防護。

團隊服務

項目	標準
洗衣設施	大容量洗衣機、烘衣機（各兩台）。如果現場沒有，須有場外設施支援。要提供足夠四支球隊使用的洗衣設備，並且各項物品要在隊伍抵達前有足夠時間歸還球隊管理。
餐飲	須提供訓練前便餐；訓練後大餐；打擊練習前便餐；比賽後大餐。
	餐點都是新鮮現做，且提供足夠的主菜、配菜、沙拉、水果與甜點。
	用餐室須隨時備有足夠的飲水、運動飲料、蘇打水、果汁、咖啡、牛奶、能量飲料、零食、水果
	膳食計畫須符合 WBCI 要求。
裁縫	賽事期間須有至少一到兩位裁縫師，提供更改或修補衣服的服務。
重訓設施	球隊住宿處或是球場，至少有一處提供重訓設施或體能訓練設備。

裁判室標準

項目	標準
裁判更衣室	置物櫃（最小尺寸 24 X 72 英寸，最佳尺寸是 36 X 72 英寸，至少六個）、衣架（每個置物櫃至少十個）、有軟墊的摺疊椅（六張）。
	六孔插座板。
	桌子（至少 30 X 72 英寸，三張）、咖啡桌、沙發。
	大垃圾桶、小垃圾桶（兩個）。
	掛牆時鐘。
	浴巾（十二條）、毛巾（二十條）。
	可以觀看賽事轉播的高清電視。
	小冰箱。
	無線網路。
裁判更衣室助理	至少一名，協助提供裁判餐點、飲料、用品跟相關清潔工作。
餐飲	須提供賽前與賽後的用餐與飲料
裁判通道	裁判更衣室應設有直達比賽場地的通道，且做好安全防護。

新聞與廣播區標準

項目	標準
媒體工作室	至少一百個座位，都要配有電源插座。
	至少有八台電腦、數個電視螢幕。
	網路。
	可對外通話的電話。
媒體營運辦公室	至少 1000 平方英尺（約 93 平方公尺）。
	六個含電腦工作站（包含桌子一張、一張椅子、一台電腦、一個小垃圾桶、插座與網路）
	四個基本工作站（含桌子與網路）
	可轉播的電視（至少 46 英寸）
	高速影印機、可連網路印表機。
	電話（須能順利與各單位聯繫，三台）
	白板。
	插座（六組）。
	大垃圾桶。
	裝有各式飲料的冰箱。
	相關的線路須確保足夠且順利運作。

項目	標準
採訪室	至少 1500 平方英尺，距離主客隊球員休息室都不應太遠。
	發布區的底座至少要 8-12 英寸（20.3-30.5 公分）的高度，且有能容納至少六人的桌椅。
	至少一百到一百五十個座位，座位中間設有通道。
	講台桌。
	架設攝影機所需要的立台。
	速記員的桌椅（兩組）。
	至少需要兩個同步口譯的傳譯室。
	至少六組麥克風，三個用於桌上，兩個無線麥克風供媒體、一個麥克風供主持人使用。
	電話。
	高清電視（兩台）。
	充足明亮的照明。
	能同時容納三十六個收音設備的音訊系統。
媒體證件發送工作室	提供至少兩台電話、兩張桌椅及暢通的網路。
攝影區域	提供二到五位照片編輯所需的工作區域，並配有插座的桌子及網路。
廣播區	位置需視野廣闊清楚，提供至少十人坐下的空間，並有足夠電源與暢通網路。
記者室、媒體席、中控室	提供至少可容納兩百五十人的空間，並且要視野清楚、備有足夠電源和暢通網路。
媒體攝影區	位置在一、三壘側。
口譯員	至少六個流利的口譯員，並提供足夠的設備。

WBCI 房間標準

項目	標準
營運辦公室	至少一個營運辦公室，大小不得小於 1000 平方英尺（約 93 平方公尺）。
	六個含電腦工作區（包含一張桌子、兩張椅子、一台電腦、一個小垃圾桶、一組插座、網路）。
	四個基本工作區（含桌子與網路）。
	可收看賽事的高清電視（至少 46 英寸）。
	影印機（一台）與影印紙（兩箱）、可連結電腦的印表機（兩台）。
	電話（兩台）。
	白板。
	電源插座板（六組）。
	大垃圾桶。
	一個冰箱（裝有飲用水與果汁）。
會議室	至少一間可容納約十二到十六人的會議室。
儲物區	至少一間。
運輸	提供運送物品的營運商（包含國際運送）。

技術委員會區域標準

項目	標準
技術委員室	座位區必須在兩隊休息室之間,並且能看到完整的球場、裁判與計分板。
	高清電視。
	電話(一台用於直通記者區的媒體營運人員、一台用於賽事廣播)。
技術委員會會議室	會議室區靠近技術委員區,全時段皆可使用。
	可容納至少八張椅子的會議桌。
	能上網查看氣象的電腦。
	電視(一台用於查看賽事、一台用於接收轉播單位回放賽事動作或事故)。
	可接聽或外撥的電話。
	掛牆時鐘。
	網路。
投球數顯示器	LED 投球計數顯示器(在技術委員區要能清楚看見)。

藥檢區標準

項目	標準
藥檢站	至少一個（包含兩間沒有窗戶的連通房間跟一間浴室），且禁止媒體、公眾出入。
等候室	第一間連通房間為等候室，至少須有能容納十二人的空間，面積約 250 平方英尺。
	沙發（三張）、有軟墊的折疊椅（六張）
	桌子（30 X 72 英寸）、咖啡桌
	能觀看賽事的高清電視
	小冰箱（附有密封裝的飲用水、果汁等）
藥檢室跟檢測室	第二間連通房間為藥檢跟檢測用，面積至少約 200 平方英尺。
	桌子（30 X 72 英寸，兩張）。
	有軟墊的折疊椅（八張）。
	可上鎖的小型冰箱。
	電話。
	櫥櫃。
	中型垃圾桶（兩個）。
	掛牆時鐘。
浴室	藥檢室至少要有一間浴室和廁所。
球員陪護	至少須提供四名陪護人員（年滿十八歲），需要會說球員使用的母語。

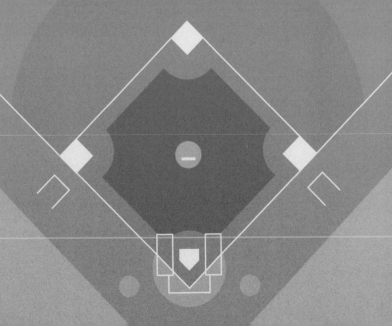

Baseball

從國外大學的球場
養護相關科系來省思臺
灣未來努力的方向

球場的養護是一個很專門也相當跨領域的學科，要懂氣象、懂化學、
懂植物與昆蟲的生態、懂地質學與工程、懂組織管理等等，才能有效
帶領一個團隊去管理整個運動場域。

球場養護需要的專業項目很多，光是草皮的鋪設與保養就是一門大學問。不僅僅是棒球場會有草皮養護問題，足球場、網球場跟高爾夫球場都需要專業的草皮養護人才，讓場地維持在良好的狀態。因此，在相關運動發達的國家，自然就會衍生出許多的人才培育需求。以高爾夫球場為例，全世界約有將近三萬九千座的高爾夫球場，光是美國就有一萬六千多座，遠遠超過擁有三千多座高爾夫球場的日本（日本為高爾夫球場數量全球第二多的國家），等於全世界有超過三分之一的高爾夫球場就在美國。如果再加上其他種類的運動場地，那麼可想而知一定需要夠多的場地建設及維護人員，所以不難發現，美國許多大學都設有運動草皮管理相關的科系，甚至也有機構在進行相關人員的培訓與認證。除了專業的運動場地以外，美國許多住宅都有前後院，民眾也需要進行基礎的草皮維護與管理，多數地方政府同樣會開設相關課程提供居民學習。

美國大學的草皮管理相關科系

這邊簡單整理了美國幾個大學的相關課程提供給大家參考。

賓州州立大學（Pennsylvania State University）設有關於草皮的線上學位課程（分為大學跟研究所）並會頒發證書。我們從他的基礎培訓班課程來看，可以發現學習的內容其實相當深且廣，包含了農業問題、有機化學、草皮病蟲害防治、草皮病蟲害管理、土壤科學概論、統計學、草皮殺蟲劑（學習關於安全性、儲存、配方、毒性等等，以及賓州相關的法規規範）、雜草控制、土壤生態學、營養學、案例研究、生物學、植物學、氣象學等等，同時也需要學習相關商務寫作技術並參與研討會與實習。

如果想進一步取得草皮相關碩士學位，則需要學習草皮的生理學和生物學、草皮健康管理課程、病蟲害管理、草皮營養學、草皮土壤生態學、草皮科學文獻研究、草皮個案研究，同時也得參加談判技巧專業課程、專案管理、組織規劃、人力資源管理等商業課程。

密西根州立大學（Michigan State University）設有草皮管理的學士學位，四年要修的內容相當多，包含了生物學、化學、微觀經濟學導論、農業電腦應用、高爾夫草皮灌溉、農藥和肥料的運用技術、土壤與景觀科學、草皮管理、草皮設計、草皮施工、草皮生理學、土壤化學、應用土壤物理學、土壤生物學、土壤資源、草皮昆蟲、草皮病理、設備技術、環境

規劃管理、環境法律與政策、環境影響評估、氣象學概論、環境地形學、農業氣候學、密西根地質學、園藝原理、景觀維護與施工等等。

　　愛荷華州立大學（Iowa State University）的園藝學士學位也有主攻草皮管理的課程，開課內容包含了基礎的化學、統計學、會計學等課程之外，還有土壤科學、昆蟲學、植物病理學、病蟲害管理、氣象學等等。

　　除了這幾間大學之外，還有許多大學都提供了類似的學位，也就是在美國你如果對這類的課程相當有興趣，是有不少學校的課程都能有系統地支持你學習並且準備考取相關的證照，後續可以憑藉著證照到相關的場域工作。而從這些學校的開課內容可以得知，一名基礎的場地養護人員，光是以草皮養護來說，包含的層面很廣，真的從天上到地底都要涉獵。從草與土壤的生態環境、氣候、病蟲害防治、當地的地質地形、肥料與藥劑的認識與使用、器材設備的運用與了解、草皮的建立與維護，甚至到管理草皮需要的經營技巧、策略、組織規劃等等都包含在內，可以說是相當全面且完整。而且不會光讓你紙上談兵，還安排了實驗與實習的課程，直接到相關場域來發揮所學，從這些資訊可以得知美國各項運動發展蓬勃，因此對相關專業人員的需求量也大，於是建立了一套相當完整的產學合作模式。

日本大學的球場養護相關科系

　　了解了美國許多大學設有草皮管理相關學系，那麼日本的大學是否有如美國的大學，會有專門學習草皮管理、運動場地管理的科系或是課程？以目前蒐集到的資訊，要如美國這樣分類已經到很細、很精準的「草皮管理」學位是沒有的，大概都是在大學的運動經營或是體育管理學系中，提供了關於運動場館管理的相關課程。

　　以日本體育大學運動經營學科為例，只要在修習相關的課程之後，就能去考體育設施管理士、體育設施營運士的執照。他們在大學時期相關的學科內容包含了設施管理、大型賽事管理、體育商業理論、體育管理理論、組織管理，現場實習等等，但並沒有如同美國大學那樣，將草皮從建立到管理拆解成一個個步驟，獨立出專門單項的學科來教授。

　　好比仙台大學的體育系，學生須學習相關的運動教練課程外，也包含了運動管理與商業相關的學門，課程包含了語言（例如韓語、英語）、運動生理學、運動心理學、營養學等等。其中也有體育設施營運與管理課程，安排了到體育設施實習的部分。另外，福岡大學的運動科學部課程也設計了運動設施相關的內容。

臺灣大學的球場養護相關科系

最後，回頭看看臺灣的大學是否有相關科系或學門。首先先找體育為主的大學，瀏覽了相關的科系。再來，我透過臺灣博碩士論文加值系統，找相關運動場域管理養護的論文、參考國內幾位鑽研草皮的教師名單，接著搜尋相關的農業、農技科系，或是景觀學系的相關課程。

以國立體育大學來說，比較接近的科系應該是管理學院裡的休閒產業經濟學系，在他的學分專業學群內有「運動管理學群」，裡面課程就包含了運動場館的經營與管理、運動設施規劃。臺北市立大學的休閒管理學系在選修學科中的運動管理學群，有開設運動設施經營管理、運動設施建造與品質管控。國立臺灣體育大學的運動事業管理學系則規劃有運動場館經營管理、實習等學分。

以農藝系來說，臺灣大學農藝系的課程內容，除了包含了生物學、病蟲害防治等科目，也有開設草皮管理與實務的課程，並與高爾夫球場建教合作，來作為專業草皮管理人員的培育與訓練。至於景觀、園藝系的課程來說，學習的內容大致包含了化學、遺傳學、統計學、植物學、景觀規劃

與管理、病蟲害防治等等。

　　有沒有發現我從美國、日本、臺灣這樣一路寫下來，愈寫愈簡短！一邊整理蒐集資料的當下，更能深刻體會到，球場的養護、草皮管理，這是一個很專門也相當跨領域的學問。你要懂氣象、你要懂化學、你要會計算、你要懂這些植物與昆蟲的生態與病蟲害的防治、你要懂一點地質學跟一點工程，才能知道好的排水系統怎麼設計、你要會組織管理，才能有效帶領一組團隊管理整個運動場域的草皮種植到後面的維護。而這些還只是單純針對草皮的專業素養，在美國你能找到很專業的課程規劃，有完整的學習目標。但如果在日本與臺灣，似乎就沒能看到一個如美國一樣完整的體系可以學習，大部分都得仰賴跨領域去吸收相關的知識，更多的應該是在實務現場來補足沒有學過的部分。

臺灣球場養護的現況

　　為了了解臺灣球場養護狀況，曾詢問了我認識的幾位負責球場養護的專業人員，在進入這工作領域前，是否受過相關的專業訓練？或是公司有

提供專業的教育訓練來提升相關養護的知識。但從整地、修剪草皮、施肥等等，每一項幾乎都是「前輩教的」、「靠經驗累積」。有的人是會在辦理國際賽事有國外專業人才來場勘場地時，在旁觀摩學習，鮮少有人有著完整的學習經歷。經驗固然很重要，但若有一個完整的訓練讓人才培育更有制度，對整個運動產業的發展來說才會更有幫助。

　　當然若從一個很實際的層面來探討為什麼臺灣球場養護的人才這麼少？臺灣是否重視這項專項人才？薪水是否能提供符合專業能力上的數字？都是值得去思考的。曾有人指出，臺灣過去三十年來，棒球場硬體設備已經進步相當多，但在維護球場上卻往往最容易疏忽。我們之前提過美國職棒大聯盟早就不只一次來臺灣，每次來都會進行場勘，把球場先好好改善一番，可是我們總是無法繼續保持這些好的成果，甚至可能不用半年，已經調整好的球場草地就又開始出現坑洞，或是草皮開始東禿一塊、西禿一塊。

　　之前就有專欄作家果子直接點出：「政府機構真的把這些擁有專精的場地維護技術人員當成清潔工看待。」簡單來說，在沒有球隊認養的球場主管機關都還是地方政府，而地方政府並不會把整個場地的養護當作是一

整個年度都應該要有規劃進行的專業工作,因此也沒有編列足夠的預算進行保養。而如果是有球隊認養的球場,在相關的預算編列是否也會將養護的需求擺在前面,也是一個問號。因此,常會聽到第一線的人會指出沒有足夠經費去做改善、只能逐步調整等等,幾乎都是等到重要國際賽事才會被逼著進行場地的修繕,這真的相當可惜。

　　扣除目前已經有球團認養的球場,目前臺灣各地棒球場都是由所屬的地方機關或是組織來維護管理,例如體育局、地方的體委會或棒委會、學校等等,但這些維護工作僅限於有舉辦比賽的時候,也不見有專門的人力來執行相關的場地照顧。如果臺灣的基層棒球需要發展得更好,其實在相關的軟實力也應該要進行規劃與培育。期許有一天我們能夠建立起一套屬於臺灣自己的運動場養護系統,包含了課程規劃與實務工作都有一個完整的資訊與脈絡。更希望未來我們可以不需要經過國外場務專家的指導,就有足夠的能力將場地提升到符合國際賽的水準,我想這應該不難達到吧!

美國草皮養護相關學校簡介

　　最後，如果有志投入這樣的專業領域，目前美國許多學校的相關課程都是滿不錯的參考，這裡簡單列出來來讓大家可以循著學校的資訊去查詢。

學校與學位名稱	簡述
賓州州立大學 草皮科學學士學位 Pennsylvania State University Bachelor of Science in Turfgrass Science	主修高爾夫球場草皮管理或運動草皮管理。可全程線上修課取得學位。
密西根州立大學 草皮管理學學士學位 Michigan State University Bachelor of Science in Turfgrass Management	主修運動草皮管理。
麻薩諸塞大學阿默斯特分校 草皮科學與管理學學士學位 University of Massachusetts Amherst, Bachelor of Science in Turfgrass Science and Management	主修運動場草皮管理。

學校與學位名稱	簡述
德州農工大學 草皮科學與管理學學士學位 Texas A&M University, Bachelor of Science in Turfgrass Science and Management	主修運動草皮管理。
密西西比州立大學 農學學士學位 Mississippi State University, Bachelor of Science in Agronomy	主修草皮管理，輔修運動場管理。
愛荷華州立大學 園藝學學士學位 Iowa State University, Bachelor of Science in Horticulture	主修草皮科學，輔修運動場管理。
俄亥俄州立大學 農學學士學位 Ohio State University, Bachelor of Science in Agronomy	主修草皮科學，輔修環境科學和運動草皮管理課程。
田納西大學 植物科學學士學位 University of Tennessee, Bachelor of Science in Plant Science	主修草皮科學和管理，可選擇專攻高爾夫球場或運動場草皮管理。
阿肯色大學 園藝學學士學位 University of Arkansas, Bachelor of Science in Horticulture	主修草皮科學和管理，包括運動場管理課程。
羅格斯大學 草皮科學學士學位 Rutgers University, Bachelor of Science in Turfgrass Management	主修草皮和場地管理，包括運動場管理課程。
康乃狄克大學 植物科學學士學位 University of Connecticut, Bachelor of Science in Plant Science	主修草皮科學和管理，包括運動場管理課程

學校與學位名稱	簡述
喬治亞大學 環境園藝學學士學位 University of Georgia, Bachelor of Science in Environmental Horticulture	主修草皮管理,包括運動場草皮管理課程。
奧本大學 園藝學學士學位 Auburn University, Bachelor of Science in Horticulture	主修草皮管理,包括運動場管理課程。
克萊姆森大學 草皮學學士學位 Clemson University Bachelor of Science in Turfgrass	主修運動場草皮管理,包括運動場管理課程。
堪薩斯州立大學 園藝學學士學位 Kansas State University, Bachelor of Science in Horticulture	主修運動場草皮管理。
普渡大學 草皮科學與管理學學士學位 Purdue University, Bachelor of Science in Turfgrass Science and Management	主修高爾夫球場管理、運動草皮管理或草皮管理。
馬里蘭大學 植物科學學士學位 University of Maryland, Bachelor of Science in Plant Science	專攻草皮和高爾夫球場管理。

臺灣的棒球場
分級制度與相關工作表單

2017 年，教育部體育署調查了全臺灣的二十座球場，進行了相關的球場勘查與分級，作為後續安排比賽的相關參考。本章整理了這份報告中幾個重要的分級表單，並擷取了當中使用的球場檢核表，讓更多的朋友關注棒球場，同時對球場的基本養護有著基礎的認知。

前面洋洋灑灑說了這麼多，最後我想用臺灣的棒球場分級制度以及整理相關球場檢核表單來為這本書做個收尾。

臺灣球場怎麼分級

很多棒球迷都知道臺灣的棒球球場有分等級，例如臺中洲際棒球場屬於 A 級場地，花蓮德興棒球場屬於 C 級場地。這個分級最早是教育部體育署在 2016 年委託國立臺灣體育運動大學進行了「我國舉辦國際賽事及職業棒球潛力場地調查研究」，並在 2017 年提出了「我國舉辦國際賽事及職業棒球潛力場地調查研究期末報告」。這份報告中便調查了臺灣二十個球場，進行了相關的球場勘查與分級，作為後續安排比賽的相關參考。

整個分級綜合評估的面向包含了球場的座位數、球隊與行政人員所使用的空間、設備器材空間、草皮養護、競賽場地、機電設備與土木建築等等，然後再將球場分為 A、B、C、D 四個等級，每個等級則代表場地適合辦理的賽事活動：

級別	適合辦理賽事
A	國際賽、職棒例行賽及職棒總冠軍賽
B	職棒例行賽、職棒練習賽、業餘棒球賽事複賽
C	職棒練習賽、業餘棒球賽事、地區性賽事及各國移地訓練
D	業餘棒球賽事、地區性賽事及各國移地訓練

球場分級的判定標準

　　儘管 2022 年體育署提出將要進行第二次的球場調查研究，但一直到本書出版之前（2024 年 1 月）我還沒看到最新的研究成果公開。以下是我將 2017 年報告中幾個重要的分級表單整理給大家，同時也擷取了這份報告所使用的球場檢核表，讓更多的朋友關注棒球場，並對球場的基本養護有著基礎的認知，並能善用表單來為球場做基本檢核。

▌球場分級標準

分類	級別 項目	A	B	C	D
球場容量	座位數	可容納15,000人	可容納10,000人	可容納5,000人	不拘
	座椅	內野需有 對號座椅	內野需有 對號座椅	不拘	不拘
使用空間	球隊使用	投手練習區 （2X2組） 打擊練習區 （2X2組） 球員休息區 （40人） 球員更衣室 （26人） 教練更衣室 （5人） 按摩室（2X2床） 預備球員休息室 坐式馬桶 淋浴設備 （2X6組）	投手練習區 （2X2組） 打擊練習區 （2X2組） 球員休息區 （40人） 教練更衣室 （5人） 按摩室 （2X2床） 淋浴設備 （2X6組）	投手練習區 打擊練習區 球員休息區 依需求設置淋浴 設備	投手練習區 打擊練習區 球員休息區 依需求設置淋浴 設備

分類	項目	A	B	C	D
使用空間	行政使用	第一辦公室（4人） 第二辦公室（4人） 技術委員室（6人） 記錄室（4人） 控制室（2人） 裁判更衣室（8人） 裁判休息室（8人） 藥檢室（4人） 新聞中心（60席） 記者攝影區（30席） 電視（台） 轉播室（2間） 記者會準備區 場務人員休息區 參賽隊伍保留席 經紀人與球探席	第一辦公室（4人） 記錄室（4人） 控制室（2人） 裁判更衣室（6人） 新聞中心（40席） 記者攝影區（20席） 電視（台） 轉播室（2間） 記者會準備區 場務人員休息區 經紀人與球探席	第一辦公室 記錄室 控制室 裁判更衣室 記者攝影區 電視（台） 轉播室 場務人員休息區	第一辦公室
	設備器材空間	器材管理室 機械區／維修區 電汽設備 通風換氣 清潔計畫 綜合防災計畫	器材管理室 機械區／維修區 電汽設備 通風換氣 清潔計畫	器材管理室 維修區	器材管理室 維修區

項目＼級別 分類		A	B	C	D
使用空間	其他	維護手冊 球場綜合包廂 主客場專屬商場 周邊餐飲服務 餐廳 幼童遊戲間 哺集乳室 停車場	維護手冊 球場綜合包廂 主客場專屬商場 周邊餐飲服務 餐廳 幼童遊戲間 哺集乳室 停車場	停車場	停車場
競賽場地	場地尺規	必須符合中華民國棒球協會頒布之棒球規則標準			
	紅土成分	需有40%黏土	需有30%黏土	需有20%黏土	需有20%黏土
	草皮與內野紅土之交界落差	≦0.5公分	≦1.5公分	≦2.5公分	≦3.5公分
	草皮平整	每10平方公尺內之區間，高低落差不得大於2公分			
	土壤級配	30公分：砂 31-35公分：小礫 36-50公分：大礫	30公分：砂 31-35公分：小礫 36-50公分：大礫	30公分：砂	30公分：砂
	排水設施	土壤底層設置高密度PE排水暗管（HDPE）		面層排水坡度50%，並依需求設置高密度PE排水暗管（HDPE）	
	照明設備	內野平均照度： ≧1500 外野平均照度： ≧1000 妥善率達85%	內野平均照度： ≧1000 外野平均照度： ≧700 妥善率達80%	內野平均照度： ≧ 500 外野平均照度：≧300 妥善率達60%	依需求設置

分類	級別 項目	A	B	C	D
草皮養護	草種純度	百慕達或結縷草≧98%	百慕達或結縷草為佳≧90%	百慕達或結縷草為佳≧50%	其他草種
	養護人員編制	編制≧4名	編制≧3-4名	編制≧2名	編制≧1名
	噴灌系統及覆蓋率	自動化噴灌系統≧98%	自動化噴灌系統≧98%	自動化噴灌系統≧50%	人工灑水或依需求設置自動化噴灌系統
	根系生長層結構	美國高爾夫球協會標準	美國高爾夫球協會標準	砂層	土層
	草色評級	國際草皮評估體系8-9級	國際草皮評估體系6-7級	國際草皮評估體系4-5級	國際草皮評估體系1-3級
其他機電設備	計分器	大型計分器，含大螢幕（需可即時重播）	大型計分器，含大螢幕	簡易計分器（有獨立局次）	簡易計分器（無獨立局次）
	廣播系統	具高中低音箱之環繞式音響計畫		環繞音響計畫	簡易型喇叭
	熱水系統	必要，並依比賽層級所需數量設置		依需求設置	
土木建築	結構良劣	梁柱系統完整	梁柱部分損壞（白華、細微裂縫）	梁柱多處損壞（混凝土龜裂，且須細部評估）	梁柱嚴重損壞（內部混凝土剝落，鋼筋裸露）
	外觀檢視	無外傷	部分外傷（細微裂縫）	明顯外傷（漏水、白華）	嚴重外傷（外部混凝土剝落）
	無障礙設施	良善	部分符合	不符合	未設置

球場例行檢核表

▌投捕區

檢查項目	投手丘及打擊區周邊（含練習區）	檢查日期		
檢查時機	□ 例行性檢查　□ 比賽前檢查　□ 比賽後檢查			
檢查符號	○ 檢查合格　✕ 更缺失需改正　△ 未檢查此項目			

項次	檢查項目	實際檢查情形	結果 （符號）
1	各壘包之間距離符合尺規標準		
2	比賽投手丘坡度符合尺規標準		
3	比賽投手丘平台符合尺規標準		
4	比賽投手丘凹陷處使用黏土回填		
5	牛棚投手丘坡度符合尺規標準		
6	牛棚投手丘平台符合尺規標準		
7	牛棚投手丘凹陷處使用黏土回填		
8	打擊區格線符合尺規標準		
9	打擊區凹陷處使用黏土回填		

缺失複查結果
□已完成改善（需檢附改善前、中、後之照片）
□未完成改善（填具「缺失改善追蹤表」進行追蹤改善）

複查日期：　　年　　月　　日　　複查人員職稱：　　　　簽名：

※ 實際檢查情形應具體明確或量化尺寸。
※ 檢查結果合格者註明「○」，不合格者註明「✕」，如無需檢查之項目則打「△」。

內外野比賽區域

檢查項目	內、外野比賽區域		檢查日期	
檢查時機	□ 例行性檢查　　□ 比賽前檢查　　□ 比賽後檢查			
檢查符號	○ 檢查合格　　× 更缺失需改正　　△ 未檢查此項目			

項次	檢查項目	實際檢查情形	結果 （符號）
1	草皮與紅土交界處落差		
2	土壤濕度（軟硬度）		
3	面層紅土顆粒大小		
4	紅土按正確比例填充（註）		
5	各壘包周邊紅土平整度		
6	內野紅土平整度		
7	面層排水孔清理		

缺失複查結果
□已完成改善（需檢附改善前、中、後之照片）
□未完成改善（填具「缺失改善追蹤表」進行追蹤改善）

複查日期：　　年　　月　　日　　複查人員職稱：　　　　簽名：

※ 實際檢查情形應具體明確或量化尺寸。

※ 檢查結果合格者註明「○」，不合格者註明「×」，如無需檢查之項目則打「△」。

◆ 註：A 級：紅磚粉 45%、黏土 40%、石英砂 8%、石灰 5%、鹽 2%；B 級：紅磚粉 55%、黏土 30%、石英砂 8%、石灰 5%、鹽 2%；C 及 D 級：紅磚粉 65%、黏土 20%、石英砂 8%、石灰 5%、鹽 2%。

▎草皮維護

檢查項目	內、外野草皮		檢查日期	
檢查時機	□ 例行性檢查　□ 比賽前檢查　□ 比賽後檢查			
檢查符號	○ 檢查合格　× 更缺失需改正　△ 未檢查此項目			

項次	檢查項目	實際檢查情形	結果 （符號）
1	割刈高度		
2	割刈頻率		
3	割刈方向		
4	肥料施用（氮、磷、鉀及其他）		
5	灑水頻率		
6	灑水量		
7	打孔頻率		
8	疏草莖（根）頻率		
9	鋪砂頻率		
10	雜草防治計畫		
11	疾病防治計畫		
12	蟲害防治計畫		

缺失複查結果
□已完成改善（需檢附改善前、中、後之照片）
□未完成改善（填具「缺失改善追蹤表」進行追蹤改善）

複查日期：　　年　　月　　日　　複查人員職稱：　　　　簽名：

※ 實際檢查情形應具體明確或量化尺寸。
※ 檢查結果合格者註明「○」，不合格者註明「×」，如無需檢查之項目則打「△」。

▎球隊空間

檢查項目	球隊使用空間					檢查日期	
檢查時機	□ 例行性檢查　□ 比賽前檢查　□ 比賽後檢查						
檢查符號	○ 檢查合格　× 更缺失需改正　△ 未檢查此項目						

項次	內容	實際檢查情形					結果 （符號）
		A	B	C	D		
1	兩側球員休息區裝備及球棒置物架無損壞	✓	✓	✓	✓		
2	兩側球員休息區地板軟墊無破損、短缺、移位	✓	✓	✓	✓		
3	兩側球員休息區周邊防撞墊無損壞、掉落	✓	✓	✓			
4	兩側球員休息區座椅設置軟墊，且無損壞	✓	✓	✓			
5	兩側球員更衣室各設置 26 個標準、無損壞之獨立置物櫃	✓	✓				
6	兩側球員淋浴間各設置 8 座盥洗設備	✓	✓				
7	兩側球員淋浴間防滑墊無破損、短缺、移位	✓	✓				
8	兩側教練更衣室各設置 5 個標準、無損壞之獨立置物櫃	✓	✓				
9	兩側教練更衣室各設置 1 獨立且無損壞會議桌	✓	✓				
10	兩側按摩室各設置 2 個標準、無損壞之按摩台	✓	✓				
11	製冰機功能正常	✓	✓				

| 12 | 淋浴間熱水功能正常 | ✓ | ✓ | | | |
| 13 | 通風換氣系統（空調）功能正常 | ✓ | ✓ | ✓ | | |

缺失複查結果
□已完成改善（需檢附改善前、中、後之照片）
□未完成改善（填具「缺失改善追蹤表」進行追蹤改善）

複查日期：　　年　　月　　日　　複查人員職稱：　　　　簽名：

※ 實際檢查情形應具體明確或量化尺寸。
※ 檢查結果合格者註明「○」，不合格者註明「╳」，如無需檢查之項目則打「△」。

▌行政賽務及其他空間

檢查項目	行政賽務及其他空間				**檢查日期**	
檢查時機	□ 例行性檢查　　□ 比賽前檢查　　□ 比賽後檢查					
檢查符號	○ 檢查合格　　╳ 更缺失需改正　　△ 未檢查此項目					

項次	內容	實際檢查情形					結果（符號）
		A	B	C	D		
1	行政辦公室沙發、桌椅無損壞	✓	✓		✓		
2	行政辦公室網路功能正常	✓	✓		✓		
3	行政辦公室空調功能正常	✓	✓				
4	技術委員室沙發、桌椅無損壞	✓	✓	✓			
5	技術委員室網路功能正常	✓	✓				
6	技術委員室空調功能正常	✓	✓	✓			
7	裁判更衣室設置 8 個標準、無損壞之獨立置物櫃	✓	✓	✓			

8	裁判更衣室設置 4 獨立淋浴間	✓	✓				
9	裁判淋浴間防滑墊無破損、短缺、移位	✓	✓				
10	裁判休息室桌椅無損壞	✓	✓	✓			
11	裁判休息室空調功能正常	✓	✓	✓			
12	記錄室桌椅無損壞	✓	✓	✓			
13	記錄室空調功能正常	✓	✓	✓			
14	中央控制室桌椅無損壞	✓	✓	✓			
15	廣播系統功能正常	✓	✓	✓			
16	電子計分器系統功能正常	✓	✓	✓			
17	燈控系統及照明燈柱功能正常	✓	✓	✓			
18	機電設備完成一、二級保養	✓	✓	✓			
19	維護機具完成一、二級保養	✓	✓	✓			

缺失複查結果
□已完成改善（需檢附改善前、中、後之照片）
□未完成改善（填具「缺失改善追蹤表」進行追蹤改善）

複查日期：　　年　　月　　日　　複查人員職稱：　　　　簽名：

※ 實際檢查情形應具體明確或量化尺寸。

※ 檢查結果合格者註明「○」，不合格者註明「╳」，如無需檢查之項目則打「△」。

▎土木建築

檢查項目	土木建築		檢查日期	
檢查時機	□ 例行性檢查　　□ 比賽前檢查　　□ 比賽後檢查			
檢查符號	○ 檢查合格　　× 更缺失需改正　　△ 未檢查此項目			

項次	檢查項目	實際檢查情形	結果 （符號）
1	梁柱外漆無掉色、剝落		
2	梁柱表面無滲水痕跡		
3	梁柱結構無明顯裂縫及損壞		
4	場內牆壁外漆無掉色、剝落		
5	場內牆壁表面無滲水痕跡		
6	場內牆壁結構無明顯裂縫及損壞		
7	樓梯無生鏽或滲水痕跡		
8	樓梯無明顯裂縫		
9	樓梯結構無明顯裂縫及損壞		
10	外牆表面無滲水痕跡		
11	外牆結構無明顯裂縫及損壞		
12	各層樓板地坪無積水		
13	天花板無滲水、損壞		
14	結構伸縮縫無滲水、損壞		

缺失複查結果
□已完成改善（需檢附改善前、中、後之照片）
□未完成改善（填具「缺失改善追蹤表」進行追蹤改善）

複查日期：　　年　　月　　日　　複查人員職稱：　　　　簽名：

※ 實際檢查情形應具體明確或量化尺寸。
※ 檢查結果合格者註明「○」，不合格者註明「╳」，如無需檢查之項目則打「△」。

那些關於大巨蛋的事

　　1991 年 11 月 10 日，這天是中華職棒大聯盟總冠軍賽第七戰，味全龍與統一獅在臺北市立棒球場進行總冠軍賽最後的賽事，賽事結果將決定哪一支球隊是職棒二年的總冠軍。這天的比賽，臺北市立棒球場有超過一萬三千人進場，其中一個人是當時的行政院院長郝柏村。就在賽事進行到三局下的時候，現場的雨勢過大造成比賽中斷了超過一個小時，現場的球迷開始鼓譟，並且一起大喊：「我們要巨蛋！」因此終於開始了臺灣大巨蛋的規劃，我想當時誰也沒能想到這座大巨蛋從這場比賽開始，我們居然等了三十二年才等到。

　　這段球迷吶喊著：「我們要巨蛋！」的新聞影片在 2023 年 11 月 18 日的大巨蛋開幕測試賽也有在球場大螢幕上播放，而 2023 年 12 月 3 日亞洲盃棒球錦標賽由中華隊對戰韓國隊的開幕戰，則邀請了 1991 年 11 月 10 日那天總冠軍賽的選手們到現場擔任開幕的貴賓。我想對很多老球迷來說應該都會覺得這三十二年真的走得太慢，但也終於等到了臺灣擁有屬於自己的大巨蛋的一天。

　　從國小開始打棒球的我也超過了三十年的球齡了吧。

　　這三十年來，我在臺灣的許多棒球場都留下了比賽的足跡：臺北市立

◆ 圖 1_2023 年 12 月 3 日亞錦賽在大巨蛋開打，開幕戰為中華隊對韓國隊。

◆ 圖 2_ 臺北大巨蛋右外野的視野。

◆ 2023 年 12 月 2 日，王貞治受邀為臺北大巨蛋開出歷史性的一球！／聯合報系聯合報，記者侯永全。

棒球場，我曾在這球場比賽過；臺灣最老的臺南市立棒球場是小到大都不陌生；1999 年啟用的天母棒球場與高雄澄清湖球場、2005 年啟用的雲林斗六棒球場、2006 年啟用的臺中洲際棒球場、2009 年啟用的桃園國際棒球場，這些球場都各有自己的特色與歷史。從球迷口中最爛的臺北市立棒球場，一路進化到現在臺灣的球迷終於有了不受天候影響都能打球的臺北大巨蛋，這三十年來我也一起經歷了臺灣棒球場的進步，更有機會在臺北大巨蛋參與比賽，真的很讓人期待哪！

可以預期的是，有了臺北大巨蛋後，臺灣將更有能力承辦國際棒球賽事，未來也許有機會在臺灣進行美國職棒大聯盟海外賽，是一個推動臺灣棒球向前發展的極大動力。相信臺灣進入了「大巨蛋時代」，未來臺灣的棒球故事將會有更多火花與活力！

參考資料 ——————————————————————

▌網路資源

- 〈投手丘太平　建仔不習慣〉，徐正揚，2007.09.11，https://sports.ltn.com.tw/news/paper/153674，。

- 〈投手丘太高　不自覺跨大步〉，鄭又嘉，2008.03.08，https://sports.ltn.com.tw/news/paper/194458，。

- 〈克服投手丘干擾　嘟嘟有秘訣〉，陳志祥，2010.05.02，https://www.chinatimes.com/newspapers/20100502000611-260111?chdtv。

- 〈[從嘉農談日據時代台灣棒球]2. 全台棒球風（瘋）〉，曾文誠，2014.03.13，https://tw.news.yahoo.com/news/- 從嘉農談日據時代台灣棒球 --2- 全台棒球風（瘋）-034028538-mlb.html。

- 〈韓職球員來台訓練　撞全壘打牆骨折〉，2015.02.15，https://news.pts.org.tw/article/290687。

- 〈韓職球員撞保麗龍墊受傷　嘉縣架恐怖〉，徐正揚，2015.02.15，https://sports.ltn.com.tw/news/paper/856119。

- 〈日職／來台比賽受傷　田中辭退武士隊〉，王怡翔，2019.03.04，https://tw.news.yahoo.com/%20 / 日職 - 來台比賽受傷 - 田中辭退武士隊 -103552362.html。

- 〈【果子的棒球雜記】台灣不欠好球場，欠的是「人」〉，果子，2019.03.01，https://www.sportsv.net/articles/60262?page=2。

- 〈等 2 年上一軍　林勝傑悲「撞」情節〉，吳清正，2019.04.29，https://sports.ltn.com.tw/news/paper/1284936。

- 〈雄中百年棒球魂（上）：傳承打狗的野球狂熱，文武兩道的「南瀛巨鯨」〉，鄭仲嵐，2022.04.18，https://opinion.udn.com/opinion/story/9366/6247510。

- 〈林哲瑄受傷憂「職業生涯結束」　體育主播怒揭球場興建內幕〉，黃詩淳，2022.07.29，https://www.chinatimes.com/realtimenews/20220729003876-260403?chdtv。

- 〈WBC〉洲際球場進入重點整理階段　紅土自美國空運來台〉，羅惠齡，2023.02.02，https://tsna.com/article/67457。

- 〈MLB 大聯盟認證！洲際棒球場大解密，場地維護沒那麼簡單〉，2023.03.02，https://youtu.be/WpbDlsXsu6U。

- 〈經典賽將登場 盧秀燕為升級版洲際棒球場開箱〉，郝雪卿，2023.03.03，https://www.cna.com.tw/news/aloc/202303030164.aspx。

- 〈大聯盟派員整修　經典賽洲際棒球場大公開〉，楊啟芳，2023.0303，https://www.cna.com.tw/news/aspt/202303030188.aspx。

- 〈永遠忠誠！雖敗猶榮！讓世界看到台灣！再出發！經典賽後 國內棒球發展下一步？〉，公共電視－有話好說，2023.03.13，https://www.youtube.com/live/JOnKRHbeWck?feature=share。

- 〈世界棒球經典賽》沙土、草皮全部從美國空運來台　光是伙食費就要 800 萬元〉，洪綾襄，2023.03.16，https://money.udn.com/money/story/5648/7036530。

- 〈大聯盟等級棒球場　經典賽後恐難在台灣重現〉，楊竣傑，2023.03.16，https://vip.udn.com/vip/story/122367/7033288。

- 〈WBC 棒球經典賽 / 探索頂級棒球場的秘密！土、沙、種子全空運來台重鋪〉，陳奕劭，2023.03.19，https://tw.news.yahoo.com/news/wbc 棒球經典賽 - 探索頂級棒球場的秘密 - 土 - 沙 - 種子全空運來台重鋪 -081259428.html。

- 〈草皮下的隱藏學問 1 ／媲美 MLB 等級！運動草皮怎麼蓋〉，黃禹馨，2023.03.22，https://www.nownews.com/news/6084507。

- 〈草皮下的隱藏學問 2 ／球場難逃排水爛？草皮下級配是關鍵〉，黃禹馨，2023.03.22，https://www.nownews.com/news/6084547。

- 〈經典賽球場怎麼做到大聯盟規格？國手揭幕後祕辛　草皮一片片「跪著鋪」〉，陳則元，2023.04.02，https://www.ftvnews.com.tw/news/detail/2023412W0138。

- 〈大聯盟專家指導，草皮種植有學問？解密台中洲際棒球場改建眉角〉，陳思豪，2023.08.18，https://www.gvm.com.tw/article/105514。

- 〈亞錦賽》大巨蛋投手丘後方坡度落差大　棒協允諾馬上改善〉，粘藐

云，2023.11.30，https://sports.ltn.com.tw/news/breakingnews/4506636?fbc lid=IwAR3lx1DbiXT8dRizD02h8JUnr8vTVBzjAuTd9H3SGddNWlcmxRBy_ YMb460。

- "Baseball: A Timeline," https://www.pbs.org/kenburns/baseball/timeline/.

- "History of baseball in the United States," https://www.baseball-reference. com/bullpen/History_of_baseball_in_the_United_States.

- "Knickerbocker Base Ball Club of New York," https://www.baseball-reference.com/bullpen/Knickerbocker_Base_Ball_Club_of_New_York.

- "Librarian Horace Wilson, Baseball Hall of Famer," https://www.milibrary. org/blog/librarian-horace-wilson-baseball-hall-famer.

- "Japanese Baseball Began On My Family's Farm In Maine," 2014.03.28, https://www.npr.org/sections/parallels/2014/03/28/291421915/japanese-baseball-began-on-my-familys-farm-in-maine，2014.03.28

- "Analyzing Dustin Fowler's Lawsuit Against the Chicago White Sox," Michael Mccann, 2018.01.13, https://www.si.com/mlb/2018/01/13/dustin-fowler-injury-white-sox-lawsuit-analysis.

- "Are athlete injuries influenced by changes within a turfgrass sports field?" Chase Straw, 2018.09.27, https://turf.umn.edu/news/are-athlete-injuries-influenced-changes-within-turfgrass-sports-field.

- "Cameron Brown Park Turf Fields," City of Germantown, 2023.04.05, https://www.youtube.com/watch?v=tLvlKEVblx8.

- *Baseball Field Maintenance — A General Guide for Fields of All Levels*, Baseball Tomorrow Fund, https://cdn3.sportngin.com/attachments/document/0124/3820/Baseball_Field_Maintenance_Guide.pdf.

- *A General Guide to Baseball Field Development & Construction*, Murray Cook, Chad Olsen, Kevin Moses, and Anthony DeFeo, 2011, https://www.baseballsask.ca/assets/Baseball-Field-Development-Construction.pdf.

- 盛岡南公園野球場（仮）整備事業整備基本計画を公表します，2021.12.03，https://www.city.morioka.iwate.jp/kankou/sports/1018792/1026347.html。

▌報紙

- 〈台北球場外野地面差　教頭眼尖促球員小心〉，林增祥，《中國時報》第 18 版，1992.11.10。

- 〈道奇隊總裁　今晚來訪看場地〉，潘建國，《聯合晚報》第 15 版，1993.09.16。

- 〈道奇隊總裁　看棒場　提建言〉，潘建國，《聯合晚報》第 19 版，1993.09.17。

- 〈道奇隊總裁奧瑪里　拜會聯盟檢視球場〉，王信良，《民生報》第 5 版，1993.09.18。

- 〈道奇來不來　就看奧馬利　棒球場地設備如果符合老闆要求賽會就敲定了〉，楊愛華，《中國時報》第 18 版，1993.09.18。

- 〈台北市立棒球場需要修理一番　美大聯盟代表頗不滿意　促於道奇隊來前改善〉，林增祥，《中國時報》第 18 版，1993.10.03。

- 〈總冠戰前夕　草皮、內野牆壁將整修　迎接道奇隊　北市球場要補妝〉，王晶文，《聯合晚報》第 11 版，1993.10.11。

- 〈聯盟正式締約　道奇巨人來台拍板定案　道奇總裁抵台視察場地　王貞治亦將隨巨人隊　來華訪問〉，林增祥，《中國時報》第 19 版，1993.10.17。

- 〈道奇來華賽期　十月最後三天總裁奧馬利將親率百人大軍來台　門票下月中預售〉，李琢，《中國時報》第 19 版，1993.10.28。

- 〈場邊人語　道奇隊重視安全　值得我職棒學習〉，王信良，《民生報》第 5 版，1993.11.01。

- 〈道奇初訪台　中職才知投手丘〉，吳育光，《中國時報》C4 版，2010.02.11。

- 〈大聯盟場務專家　勘察北高投手丘〉，吳育光，《中國時報》C4 版，2010.02.10。

▌ 期刊

- 〈日據初期台北市的市區改正〉，黃蘭翔，《台灣社會研究季刊》，18 期，189-213，1995。

- 〈日治時期「臺灣體育協會」與棒球行政運作之研究〉，謝仕淵，《運動文化研究》，14 期，55-101，2010。

- 〈築港基石：日治時期基隆——築港機關的建置與築港社群的形成〉，陳凱雯，《興大歷史學報》，31 期，61-92，2016。

- 〈我國舉辦國際賽事及職業球場潛力場地調查研究期末報告〉，國立臺灣體育運動大學承辦，教育部體育署主辦，2017.01。

- 〈日治時期的宜蘭棒球史〉，陳力航，《蘭陽博物館電子報》，117 期，2020.06。

- 〈從地圖看日治時期（1895~1945）臺中市運動、休閒與觀光空間之變遷〉，涂鵬斐、陳盈幸、林東興、楊子孟、王建邦，《臺中科大體育學刊》，17 期，49-66，2021.05。

- "Best Management Practices for Construction of Sand-based, Natural Grass Athletic Fields Best Management Practices For Football And Soccer," A. Kowalewski, G. Stahnke, T. Cook, and R. Goss, A Pacific Northwest Extension Publication, 2015.09

- 〈甲子園球場の芝草管理——甲子園は二毛作〉，松浦熙忠，《芝草研究》，20 卷，78-86，1991。

論文

- 〈台灣棒球運動發展之研究（1945~1968）〉，陳嘉謀，國立台東師範學院教育研究所體育教學碩士論文，2002.08。

- 〈台灣棒球場草皮管理及草紋喜好之研究〉，黃朝翔，中國文化大學景觀學系研究所碩士論文，2007.06。

- 〈觀念、組織與實踐：日治時期臺灣體育運動之發展（1895-1937）〉，林丁國，國立政治大學歷史研究所博士論文，2009。

- 〈棒球場空間紀念性與保存價值之研究──以台北市立棒球場（1957-2000）為例〉，蕭如菱，國立臺北藝術大學建築與文化資產研究所碩士論文，2012。

- 〈應用德菲爾法建構國內棒球場分級制度之研究〉，陳維智，國立臺灣體育運動大學休閒運動管理由究所碩士論文，2015.01。

- 〈信誼高爾夫球場草皮維護之探討〉，王俊凱，國立屏東科技大學景觀暨遊憩管理研究所碩士論文，2016.06。

- 〈崇拜中的抵抗：美國陰影下的日本職業棒球發展（1934-1949）〉，劉建偉，中國文化大學文學院史學系碩士論文，2016.06。

- 〈臺北市立棒球場四十三年史（1957-2000年）〉，林承頡，國立高雄師範大學體育學系碩士班碩士論文，2020.08。

- 〈臺灣棒球市場的展演性分析〉，林筱彤，國立政治大學社會學系碩士論文，2021.08。

- 〈鑽石儲思盆——臺北市立棒球場的意象轉變〉，李承諺，國立臺灣師範大學臺灣史研究所碩士論文，2022.09。

專書

- 《東昇的旭日——中華棒球發展史》，高正源，民生報社，1994。
- 《日治時期台灣體壇與奧運》，林瑛琪，五南，2014.06。
- 《新版臺灣棒球一百年》，謝仕淵，玉山社，2017.11。
- 《草皮管理全書——職業球場及休閒場地草皮養護技術指南》，郭毓仁，詹氏書局，2022.05。
- 《臺灣野球史》，湯川充雄，臺灣日日新報社，1932。
- 《屋外体育施設の建設指針——各種スポーツ施設の設計・施工》，日本体育施設協会屋外体育施設部会，2012。
- 《阪神園芸　甲子園の神整備》，金沢健児，毎日文庫，2018.08。

Ciel

棒球場的歷史與養護入門全書

作　　　者 — 周思齊
文字整理 — 福　賴
發 行 人 — 王春申
選書顧問 — 陳建守
總 編 輯 — 張曉蕊
責任編輯 — 徐　鉞
版　　　權 — 翁靜如
封面設計 — 萬勝安
版型設計 — 林曉涵
插畫設計 — 許人傑

營 業 部 — 王建棠
資訊行銷 — 劉艾琳、謝宜華
出版發行 — 臺灣商務印書館股份有限公司
　　　　　231023 新北市新店區民權路 108-3 號 5 樓（同門市地址）
　　　　　電話： (02)8667-3712
　　　　　傳真： (02)8667-3709
　　　　　讀者服務專線： 0800056193
　　　　　郵撥： 0000165-1
　　　　　E-mail： ecptw@cptw.com.tw
　　　　　網路書店網址： www.cptw.com.tw
　　　　　Facebook： facebook.com.tw/ecptw

局版北市業字第 993 號
初　　版：2024 年 2 月
印 刷 廠：鴻霖印刷傳媒股份有限公司
定　　價：新台幣 550 元

國家圖書館出版品預行編目 (CIP) 資料

棒球場的歷史與養護入門全書 / 周思齊著.
　-- 初版. -- 新北市：臺灣商務印書館股份
　有限公司, 2024.02
　　面 ; 17*23公分. -- (Ciel)
ISBN 978-957-05-3553-2(平裝)
1.CST: 棒球 2.CST: 球場 3.CST: 設備管理

528.9243　　　　　　　　　112021861

法律顧問 — 何一芃律師事務所